C.H.BECK WISSEN

Die Philosophie des «langen» 19. Jahrhunderts zwischen Kant und Nietzsche präsentiert dieser Band in 13 Porträts. Im Mittelpunkt steht die Auseinandersetzung mit der veränderten Lebensform des Menschen in der fortgeschrittenen Moderne. Im Gefolge der europäischen Aufklärung, im Horizont der Amerikanischen und der Französischen Revolution und im Hinblick auf die zunehmende Kommerzialisierung und Industrialisierung der Lebensverhältnisse erkunden diese Denker den schwierigen Status des modernen Individuums zwischen Vereinzelung und Vergesellschaftung und begegnen der Moderne mit einem kritischen Blick für ihre Meriten wie ihre Malaise.

Günter Zöller ist Professor für Philosophie an der Ludwig-Maximilians-Universität München. Gastprofessuren führten ihn u. a. nach Princeton, an die McGill Universität in Montreal und die Chinesische Universität Hong Kong.

Günter Zöller

PHILOSOPHIE DES 19. JAHRHUNDERTS

Von Kant bis Nietzsche

Verlag C.H.Beck

Originalausgabe

Satz: C.H.Beck.Media.Solutions, Nördlingen
Druck und Bindung: Druckerei C.H.Beck, Nördlingen
Umschlagentwurf: Uwe Göbel, München
Umschlagabbildungen: Immanuel Kant, Kupferstich von
Johann Friedrich Bause, 1791, akg-images; Friedrich Nietzsche,
Portraitaufnahme, 1882, akg-images / Fototeca Gilardi
Printed in Germany
ISBN 978 3 406 72128 1

www.chbeck.de

Der Hörerschaft meiner Münchner Vorlesungen:

... et homines, dum docent, discunt.
Seneca, Briefe über Ethik an Lucilius, VII, 8

Inhalt

Einleitung

«... so ist auch die Philosophie *ihre Zeit in Gedanken erfasst.*»

G. W. F. Hegel, *Grundlinien der Philosophie des Rechts* (1820)

Dieser Band möchte die Philosophie des «langen» 19. Jahrhunderts zwischen Kant und Nietzsche in der Abfolge von dreizehn Porträts philosophischer Denker und ihrer maßgeblichen Gedanken darstellen. Im Mittelpunkt steht durchweg die originelle Auseinandersetzung der ausgewählten Philosophen mit der veränderten Lebensform des Menschen in der fortgeschrittenen Moderne – einer Epoche des gesellschaftlichen und geistigen Umbruchs, die ebenso durch die zunehmende Auflösung traditioneller Bindungen und Regulierungen gekennzeichnet ist wie durch die angestrengte Suche nach neuen Orientierungen und Ordnungen. Im Gefolge der europäischen Aufklärung, im Horizont der Amerikanischen und der Französischen Revolution und im Hinblick auf die zunehmende Kommerzialisierung und Industrialisierung der Lebensverhältnisse erkundet das philosophische Denken des 19. Jahrhunderts den schwierigen Status des modernen Individuums zwischen Vereinzelung und Vergesellschaftung und begegnet der Moderne mit einem kritischen Blick für ihre Meriten wie ihre Malaise.

Die Schlagworte der Französischen Revolution – Freiheit, Gleichheit, Gesellschaftlichkeit («Brüderlichkeit») – umreißen auch den Rahmen für die philosophische Reflexion auf die moderne Lebensform vom Ende des 18. bis zum Ende des 19. Jahrhunderts. Über methodische Unterschiede und doktrinale Differenzen hinweg eint die herausragenden Denker dieser Epoche die Beschäftigung mit den Formen und Funktionen der Freiheit, den Voraussetzungen und Folgen der Gleichheit sowie den

Möglichkeiten und Grenzen der Vergesellschaftung. Besondere Aufmerksamkeit widmen die Philosophen dabei dem Spannungsverhältnis zwischen den drei Kernkonzepten von Libertät, Egalität und Sozialität, die einander ebenso zu erfordern wie einzuschränken scheinen.

Der hier präsentierte Parcours durch die Philosophie des 19. Jahrhunderts führt von den universitär verorteten systematischen Leistungen Kants, in denen die Philosophie der frühen Neuzeit kulminiert, und des deutschen Idealismus (Fichte, Schelling und Hegel) über deren radikale Nachfolger und kritische Fortführer (Schopenhauer, Kierkegaard und Feuerbach) zu fünf originellen Auseinandersetzungen mit der modernen Gesellschaft (Marx, Tocqueville, Thoreau, Comte, Mill), um mit Nietzsches heroischem Gegenentwurf zur mediokren Moderne zu enden. Die dreizehn philosophischen Porträts legen den Fokus auf je einen Grundbegriff des Denkens der Epoche, dessen originelle Einführung und maßgebliche Behandlung auf den jeweiligen Philosophen zurückgeht. Das resultierende personelle und konzeptuelle Bild des Denkens im 19. Jahrhundert vermittelt in der Abfolge von philosophischen Positionen zu dreizehn Grundbegriffen das Panorama einer epochalen Anstrengung, die fortgeschrittene Moderne mit philosophischen Mitteln aufzufassen und einzuschätzen.

Planung und Niederschrift des Bandes erfolgten im Frühjahr und Sommer 2017 an zwei Orten, die für die Extreme von Verweigerungshaltung und Vorreiterrolle gegenüber den Herausforderungen der Moderne stehen, Venedig und New York. Der Band basiert auf meinen Münchner Vorlesungen über die Geschichte der neueren Philosophie – ein Gegenstand, der an der Ludwig-Maximilians-Universität schon 1827 von Schelling als «Einleitung in die Philosophie selbst» behandelt wurde.

I. Die Philosophie der Vernunft: Immanuel Kant

> «Alles Interesse meiner Vernunft (das spekulative sowohl, als das praktische) vereinigt sich in folgenden drei Fragen:
> 1. Was kann ich wissen?
> 2. Was soll ich tun?
> 3. Was darf ich hoffen?»
>
> I. Kant, *Kritik der reinen Vernunft* (1781)

Äußerlich führt Immanuel Kant (1724–1804), der aus einer Königsberger Handwerkerfamilie stammt, das unaufgeregte Leben eines Universitätslehrers in der ostpreußischen Provinz. Erst relativ spät erlangt er an der Universität Königsberg eine Professur (1770) und noch später erscheint dann sein Hauptwerk zur radikalen Neubegründung der gesamten Philosophie (*Kritik der reinen Vernunft*, 1781, zweite überarbeitete Auflage 1787). Es folgen zwei weitere Kritiken (*Kritik der praktischen Vernunft*, 1788, und *Kritik der Urteilskraft*, 1790) sowie grundlegende Werke zur theoretischen und praktischen Philosophie (*Prolegomena zu einer jeden künftigen Metaphysik*, 1783; *Grundlegung zur Metaphysik der Sitten*, 1785).

Parallel zu diesen umwälzenden, aber sperrigen Werken erscheinen eine Reihe populärer Publikationen, die sich in kritischer Einstellung an eine breitere Öffentlichkeit wenden (*Beantwortung der Frage: Was ist Aufklärung?*, 1784; *Zum ewigen Frieden*, 1795). Im Mittelpunkt von Kants Spätwerk stehen Bearbeitungen der Religions- und Moralphilosophie im Geist der Vernunftkritik (*Die Religion innerhalb der Grenzen der bloßen Vernunft*, 1793; *Die Metaphysik der Sitten*, 1797). Ein bis ins hohe Alter verfolgtes Projekt zur systematischen Integration der gesamten kritischen Philosophie, das Kant praktisch zeitgleich mit ähnlich gelagerten Bemühungen seiner unmittelbaren Nachfolger – darunter Fichte und Schelling – verfolgt, vermag er nicht mehr zum Abschluss zu bringen (*Opus postumum*, ca. 1796–1801).

Im Mittelpunkt von Kants philosophischem Werk steht das Vorhaben einer umfassenden Kritik der Vernunft. Unter Vernunft versteht Kant dabei ganz allgemein das Vermögen, allein mit den Mitteln des Denkens («a priori»), ganz unabhängig von der Erfahrung durch die Sinne («a posteriori»), substantielle Einsichten in die Natur der Dinge zu gewinnen. Die klassischen Gegenstände solcher angeblich möglichen Vernunfterkenntnis, die zum Kernbestand der traditionellen Philosophie («Metaphysik») vor Kant gehören, sind Gott («rationale Theologie»), die Seele («rationale Psychologie») und die Welt insgesamt («rationale Kosmologie») sowie das Sein selbst und als solches («Ontologie»).

Angeregt durch die Zurückführung aller Erkenntnis auf die sinnliche Wahrnehmung bei den Hauptvertretern der englischen und schottischen Aufklärungsphilosophie (Locke, Hume) und der damit einhergehenden Skepsis gegenüber aller rein rationalen Philosophie oder Metaphysik, unterzieht Kant, der selbst aus dem rationalistischen, metaphysikaffinen Denken der deutschen Schulphilosophie in der Nachfolge von Leibniz stammt, die Vernunft als Denkvermögen einer grundsätzlichen Untersuchung im Hinblick auf ihre Leistungsfähigkeit («Möglichkeiten und Grenzen»). Nach langer Gedankenarbeit gelangt Kant schließlich zu dem Ergebnis, dass es zwar (contra Locke und Hume) prinzipiell möglich und in der Sache gerechtfertigt ist, Erkenntnisse zu gewinnen, deren allgemeine und notwendige Geltung alle mögliche Erfahrung übersteigt («synthetische Urteile a priori»). Doch beinhalten solche Erkenntnisse (contra Leibniz), so Kant, kein Wissen um metaphysische Superdinge, sondern beziehen sich immer nur auf die Gegenstände der Erfahrung, letzteres allerdings im Hinblick auf Eigenschaften an ihnen, die durch Erfahrung allein nicht zu ermitteln sind.

Das Musterbeispiel solcher nicht-empirischen Erkenntnis im Hinblick auf die empirischen Dinge ist, Kant zufolge, das Kausalprinzip, demzufolge alle Veränderungen an Gegenständen der Erfahrung nach einer allgemeinen Regel und mit strenger Notwendigkeit erfolgen. Das Kausalprinzip gilt zwar von den Gegenständen der Erfahrung, ist aber durch bloße Erfahrung von den Gegenständen nicht zu begründen. Mehr noch: Kant weist nach, dass das Kausalprinzip, das für Erfahrungsgegenstände aller Art («Gegenstände möglicher Erfahrung») notwendig und allgemein gilt, auch nur für solche Gegenstände geltend gemacht werden kann. Kausale Erkenntnis über andere als empirisch gegebene oder gebbare Gegenstände, wie sie etwa im traditionellen Gottesbeweis im Hinblick auf das göttliche Wesen als erste Ursache von allem beansprucht wird, ist prinzipiell ausgeschlossen.

Den zeitgenössischen Anhängern der überlieferten Philosophie, deren Ansprüche auf vernünftiges Wissen über erste und letzte Dinge Kant mit den Mitteln der Vernunft selbst grundsätzlich diskreditiert, sehen in ihm den Zerstörer der altehrwürdigen abendländischen Metaphysik («Alleszermalmer»). Im Hinblick auf seine gründliche Widerlegung der etablierten Gottesbeweise wird er rückblickend von Heinrich Heine provokativ mit dem blutrünstigen Revolutionsterroristen Robespierre verglichen.

Die von Kant in der Philosophie angezettelte Revolution nimmt ihren Ausgang vom Erkenntnisproblem, speziell von Ansprüchen auf gegenständlich gültige, objektive Erkenntnis von so allgemeiner Art, dass sie nicht auf einzelnen Erfahrungen beruhen kann, sondern gegenständliches Wissen allgemeinster Art beinhaltet. Kant zweifelt nicht eigentlich an der prinzipiellen Möglichkeit solcher reinen Erkenntnis unabhängig von Erfahrung, sieht er sie doch faktisch verwirklicht in den wissenschaftlichen Leistungen der antiken Mathematik (Euklidische Geometrie) und der modernen Naturwissenschaft (Newtonsche Physik). Doch interessiert ihn das Erfolgsgeheimnis des mathematisch-naturwissenschaftlichen Erkenntnistypus und insbesondere die Frage von dessen etwaiger Übertragung auf andere angebliche Wissensgebiete, darunter insbesondere die philosophische Erkenntnis der Dinge im Großen und Ganzen.

Um die grundsätzliche Übereinstimmung von Erkenntnis und Gegenstand im Fall allgemein-notwendiger und damit in ihrer Geltung erfahrungsunabhängiger Erkenntnis von Gegenständen zu begründen, verfällt Kant auf die im Nachhinein auch eigens begründete Annahme («Hypothese»), dass sich die Gegenstände solcher (mathematischen und naturwissenschaftlichen) Erkenntnis nicht, wie bislang vorausgesetzt, nach ihnen äußerlich vorgegebenen Gegenständen richten. Vielmehr verhält es sich, Kants alternativer Ansicht zufolge, so, dass sich die Gegenstände umgekehrt nach den ihnen zugrundeliegenden primären Formbedingungen alles Erkennens richten. Damit ist die streng notwendige und allgemeine Übereinstimmung von Erkenntnis und Gegenstand grundsätzlich geklärt: die Erkenntnis – genauer: die generelle Erkenntnis von Gegenständen – konditioniert ihre eigenen Gegenstände, zumindest in prinzipieller, formeller Hinsicht, weshalb die solcherart konstituierten Gegenstände auch ohne Rückgriff auf Erfahrung erkannt werden können.

Kant vergleicht die von ihm vorgenommene intellektuelle Revolution («Umänderung der Denkungsart») im Hinblick auf die Funktionsweise nicht-empirischer gegenständlicher Erkenntnis, insbesondere in reiner Mathematik und reiner Naturwissenschaft, mit der auf Kopernikus zurückgehenden Wende in der theoretischen Astronomie, durch die Himmelserscheinungen wie das Aufgehen der Sonne, statt auf die Bewegung der Himmelskörper selbst, auf die Bewegung des nur vermeintlich in Ruhe befindlichen Beobachterstandpunktes zurückgeführt werden. Die kopernikanische Wende in der Auffassung des Verhältnisses von Erkenntnis und Gegenstand – zumindest was die erfahrungsfreie, nicht-empirische Erkenntnis der Gegenstände betrifft – gründet in der philosophischen Einsicht, dass die anscheinend fertig vorgegebenen Gegenstände der Erkenntnis durch die Grundformen des Erkennens vorab bestimmt sind. Das radikale Resultat der kantischen Revolution in der philosophischen Erkenntnislehre besteht so in der scharfen Scheidung zwischen den Gegenständen, wie sie uns nach Maßgabe der

Grundformen aller Erkenntnis von Gegenständen vorkommen können («Erscheinungen»), und den Gegenständen, wie sie unabhängig von solchen Erkenntnisbedingungen für sich selbst, damit aber auch unerkannt und sogar unerkennbar existieren mögen («Dinge an sich»).

Bei den vorgängigen Formen gegenständlichen Erkennens unterscheidet Kant im Einzelnen zwischen den formellen Bedingungen, unter denen Gegenstände überhaupt erst durch die Sinne gegeben werden (Raum und Zeit), und den formellen Bedingungen, mittels derer die zuvor sinnlich gegebenen Gegenstände durch den Verstand gedacht werden («Kategorien», darunter Kausalität). Für Kant erfolgt die kognitive Bezugnahme auf Gegenstände unter den sinnlichen, passiv vorliegenden Formbedingungen von Raum und Zeit immer unmittelbar und ist überdies stets auf Einzelnes ausgerichtet («Anschauung»). Dagegen ist der erkennende Gegenstandsbezug durch die intellektuellen, aktiv geleisteten Formbedingungen immer nur indirekt und erfolgt im Hinblick auf ein Allgemeines («Begriff»), das zuvor angeschaute einzelne Gegenstände mit anderen solchen Gegenständen gemeinsam haben.

Nach Kants origineller Einsicht verlangt die gegenständlich gültige Erkenntnis das gezielte Zusammenwirken beider Formtypen des Erkennens. Ohne sinnlich vermittelten Anschauungsbezug bleibt das begriffliche Denken ohne Inhalt und bloß formal («leer»). Ohne die begrifflich bewerkstelligte Fortbestimmung durch den Verstand fehlt der sinnlichen Anschauung ein von ihr unterschiedener und als solcher gedachter Gegenstand («blind»). Im Mittelpunkt von Kants kritischer Theorie der Möglichkeiten und Grenzen gegenständlichen Erkennens steht deshalb das wechselseitig erforderliche Bedingungsverhältnis von (reiner) Anschauung und (reinem) Begriff, die einander ebenso ergänzen wie sie sich gegenseitig eingrenzen.

In Kants prinzipieller Perspektive sind es nicht erst bestimmte Anschauungen und bestimmte Begriffe, die aufeinander angewiesen und nur zusammen leistungsfähig sind. Unabhängig von aller einzelnen Erfahrung und in jeder solchen Erfahrung immer schon vorausgesetzt («transzendental»), bilden reine sinnliche

Anschauungen und reine Verstandesbegriffe eine ursprüngliche Funktionseinheit, die Erfahrung samt ihren Gegenständen notwendig bedingt und grundsätzlich ermöglicht («Möglichkeit der Erfahrung»). Umgekehrt bewähren sich aber auch die reinen Anschauungsformen und die reinen Begriffsformen erst und nur durch ihr funktionales Erfordernis für die Ermöglichung der Erfahrung wie von deren Gegenständen.

Die von Kant originell begründete Erstreckung gegenständlicher Erkenntnis, einschließlich der mathematisch-naturwissenschaftlichen Erkenntnis, auf ausnahmslos alle Gegenstände der Erfahrung («empirischer Realismus») kommt allerdings um den Preis der prinzipiellen Einschränkung solcher Erkenntnis auf sinnlich erfahrbare Gegenstände («Erscheinungen»). Von den Dingen, wie sie an sich, unabhängig von den kognitiven Konditionen des Erkenntnisvorgangs, bestehen mögen, kann es keine solche Erkenntnis geben («transzendentaler Idealismus»). Doch was zunächst wie Verlust und Verminderung aussieht, die Abwertung der erkennbaren Gegenstände von angeblichen absoluten Objekten («Noumena») zu deren erkenntnisförmigen Erscheinungen («Phaenomena»), erweist sich in der strategischen Gesamtperspektive von Kants Philosophie als Gewinn und Vermehrung.

Die Restriktion gegenständlicher Erkenntnis auf bloße Erscheinungen schafft nämlich, so Kant, einen Spielraum jenseits der phänomenalen Wirklichkeit samt ihrer mathematisch-naturwissenschaftlichen Geregeltheit für freies menschliches Wollen und Handeln, das insofern unter anderen, eigenen Gesetzen steht. Der Einschränkung der gegenstandsbezogenen, theoretischen Erkenntnis auf die natürliche Welt («Sinnenwelt») hält damit bei Kant die Ausweitung der handlungsbezogenen, praktischen Erkenntnis auf die moralische Welt («Sittenwelt») die Waage. In Kants eigener dramatischer Ausdrucksweise formuliert, ist die Freiheit im menschlichen Wollen und Handeln nur zu «retten», wenn die Naturgesetze – und insbesondere das Kausalgesetz der Natur – nicht von den Dingen überhaupt und generell gelten, sondern von den Dingen als kognitiv konstituierten Erscheinungen.

Die zunächst, im Rahmen der *Kritik der reinen Vernunft*, generell gesicherte Möglichkeit eines von Naturgesetzen unabhängigen, radikal freien Wollens und Handelns («transzendentale Freiheit») erweist sich als wirklich gegeben in Kants kritischer Moralphilosophie, speziell in der *Kritik der praktischen Vernunft*. Kant betrachtet darin das Bewusstsein unbedingter moralischer Verpflichtung, wie es sich im Phänomen des Gewissens manifestiert, als zuverlässige Anzeige der für verantwortliches Wollen und Handeln vorauszusetzenden Freiheit, gemäß dem Grundsatz «Sollen impliziert Können» («moralische Freiheit»).

Die Freiheit in moralischer Hinsicht geht für den kritischen Kant aber nicht auf in der Freiheit von der Determination durch die Naturgesetze («negative Freiheit») und in einem Wollen und Handeln bloß nach eigenem Belieben («freie Willkür»). Letzteres steht für Kant sogar im Verdacht, durch Antriebe nach Naturgesetzen eigener, psychologischer statt physikalischer Art («Neigungen») und insofern immer noch unfrei zu erfolgen. Vielmehr besteht moralisch signifikante Freiheit, Kant zufolge, in der Eigenschaft willensbegabter und handlungsfähiger Wesen, in ihrem Tun und Lassen unter Gesetzen zu stehen, die nicht von einer äußeren oder inneren Natur vorgegeben werden, sondern die dem Wollen selbst entstammen, das sich so seine Gesetze selbst gibt («Autonomie»).

Die Quelle der moralischen Selbstgesetzgebung ist für Kant die Vernunft, und zwar nicht in ihrer Kapazität als theoretische Vernunft, die der Erkenntnis der Gegenstände dient, sondern als praktische Vernunft, die das Wollen und Handeln durch vernünftige Gründe – statt durch psycho-physische Ursachen – zu bestimmen vermag. Die speziell für das moralische Wollen und Handeln charakteristische Form der Vernunft besteht für Kant in der Gesetzesform als solcher («Gesetzlichkeit», «Gesetzmäßigkeit»). Moralisch begründet oder rein vernünftig gerechtfertigt handelt, wessen persönliche Handlungsgrundsätze («Maximen») zugleich der Vernunftform allgemeiner Gesetzmäßigkeit genügen. Die moralische Anforderung, die eigenen Handlungsprinzipien der Form der Gesetzlichkeit als solcher («mögliche allgemeine Gesetzgebung») zu unterwerfen, ist für Kant ein unbedingtes Vernunftgebot («kategorischer Imperativ»). Das zugrundeliegende Gesetz («Sittengesetz») ist also keine spezifische Regel mit einem besonderen Inhalt, sondern die gesetzliche Form praktisch-vernünftigen Handelns überhaupt.

In der konkreten Anwendung auf Individuen und ihre Handlungsabsichten schreibt das Vernunftgebot moralischen Handelns vor, das Handeln nicht nur an eigenen Zwecken und Zielen auszurichten, sondern immer auch im Hinblick auf andere Wesen seinesgleichen, die direkt oder indirekt, potenziell oder aktuell von den Handlungen (oder Unterlassungen) betroffen sind. Moralisch handelt, wer, statt bloß nach eigenem Gutdünken, in Rücksicht auf alle anderen und unter Berücksichtigung aller anderen handelt. Die Vernunftform allgemeiner Gesetzlichkeit gibt dabei ein Verfahrensmittel an die Hand, um über die moralisch geforderte gesamtgesellschaftliche Qualifikation des individuellen Handelns zu entscheiden.

Während also die *Kritik der reinen Vernunft* als Kritik der theoretischen Vernunft begründet-wahre von unbegründet-falscher gegenständlicher Erkenntnis trennt, scheidet die *Kritik der praktischen Vernunft* das unmoralische, bloß selbstische Sinnen und Trachten vom moralischen, vernünftig-allgemeinen Wollen und Handeln. Gegenstand der dritten *Kritik* als Kritik der urteilenden Vernunft, speziell des ersten ihrer beiden Teile («Kritik der ästhetischen Urteilskraft»), ist eine analoge Unterscheidung zwischen bloß privat gültigen Urteilen über das Gefallen an angenehmen Gegenständen und einem solchen Urteilstypus («Geschmacksurteil»), der das ästhetische Urteil über das Schöne oder das Erhabene an den Dingen mit der Aufforderung zur Einstimmung anderer in diese Einschätzung verbindet. Das Ansinnen des gemeinsamen Gefallens an schönen oder erhabenen Gegenständen setzt dabei, so Kant, eine zwar unbestimmte, aber doch allgemein geltende Norm des ästhetischen Gefallens voraus («ästhetischer Gemeinsinn»).

Bei der Ausführung seiner zuvor kritisch begründeten Moralphilosophie zu einem umfassenden System von vernunftgebotenen Gesetzen des Wollens und Handelns führt Kant eine weitere folgenreiche Unterscheidung ein, indem er zwischen äußerlich auferlegten Gesetzen unterscheidet, die das verträgliche Miteinander von gleich freien Akteuren ermöglichen («Recht»), und solchen kategorischen Vorschriften, die die Tauglichkeit subjektiver Handlungsprinzipien zur allgemeinen Sittengesetzgebung gebieten («Ethik»). Im Recht samt seiner Ausführung durch die Politik wird dabei bloß auf die Konformität des Handelns mit dem Gesetz («Legalität») geachtet, während in der Ethik auch die Gesinnung bei der Befolgung des Gesetzes («Moralität») in Betracht kommt. Das vernünftig gebotene Ziel von Recht und Politik ist für Kant die Herrschaft von Recht und Gesetz auf einzelstaatlicher Ebene («republikanische Regierungsart») und, darauf fußend, die Anbahnung einer zwischen- und überstaatlichen Friedensordnung («Staatenbund»). In ethischer Hinsicht kennt Kants kritisches System praktischer Vernunft das Doppelziel der Perfektionierung der eigenen ethisch relevanten kognitiven und konativen Fähigkeiten («eigene Vollkommenheit») und der Förderung des gelingenden Lebens der anderen («fremde Glückseligkeit»).

2. Die Philosophie der Freiheit: Johann Gottlieb Fichte

«Was für eine Philosophie man wählt, hängt demnach davon ab, was man für ein Mensch ist: denn ein philosophisches System ist nicht ein toter Hausrat, den man ablegen oder annehmen könnte, wie es uns beliebt, sondern es ist beseelt durch die Seele des Menschen, der es hat.»

J. G. Fichte, *Versuch einer neuen Darstellung der Wissenschaftslehre* (1797/98)

Das Leben und Wirken von Johann Gottlieb Fichte (1762–1814), der aus äußerst ärmlichen Verhältnissen in der Oberlausitz stammt, steht ganz im Zeichen der zeitgenössischen politischen Ereignisse, auf die er in philosophischen und populären Vorlesungen und Schriften analytisch und kritisch reagiert – von der Französischen Revolution über das Kaiserreich Napoleons bis zur politisch-militärischen Erhebung gegen dessen Vorherrschaft in Europa. Nachdem seine erste Buchveröffentlichung (*Versuch einer Kritik aller Offenbarung*, 1792) zunächst für ein Werk Kants gehalten wird, nimmt Fichtes Karriere einen meteorischen Verlauf, in dessen Zenit eine Professur an der Universität Jena (1794–1799) steht und die nach einer öffentlichen Kontroverse über seinen angeblichen Atheismus und dem daraus resultierenden Verlust seines akademischen Amtes ihr frühes Ende findet.

Die nächsten zehn Jahre verbringt Fichte zumeist in Berlin als Privatgelehrter mit regelmäßiger selbstorganisierter Vorlesungstätigkeit, darunter der kritischen Auseinandersetzung mit der geistigen Situation seiner Zeit (*Die Grundzüge des gegenwärtigen Zeitalters*, 1804/05; *Reden an die deutsche Nation*, 1807/08). Nach seiner Berufung an die neu gegründete Berliner

Universität lehrt Fichte noch einmal für vier Jahre (1810–1814), ohne aber den Einfluss und die Wirksamkeit seiner frühen Lehrtätigkeit wieder zu erreichen. Ein Großteil seines philosophischen Œuvre wird erst posthum bekannt und beachtet. Zu Fichtes Hörern zählen in Jena Hölderlin und Novalis, in Berlin Schopenhauer. Besonders prägend ist sein Werk für die Frühromantiker um Friedrich Schlegel.

Schon früh ersetzt Fichte bei der Darstellung seines Denkens in Wort und Schrift den traditionellen Terminus «Philosophie», wörtlich «Weisheitsliebe», durch den Ausdruck «Wissenschaftslehre». Damit ist zum einen der in der Nachfolge Kants erhobene Anspruch auf die Philosophie als eine Wissenschaft wiedergegeben, zum anderen aber auch die Bescheidung der Philosophie auf die Vermittlung von Wissen unter Ausschluss von Weisheit, die nicht eigentlich vermittelt werden kann, sondern die die einzelne Person auf der Grundlage des philosophischen Wissens je für sich erstreben und erlangen soll. Für Fichtes Philosophieren ist durchweg charakteristisch, dass es rigoroses Argumentieren, das im eigenständigen Denken nachvollzogen werden soll, mit dem emphatischen Appell zur Umsetzung der vermittelten Einsichten im eigenen persönlichen Leben verbindet.

Im Zentrum von Fichtes Philosophieren steht, wie schon bei Kant, als dessen authentischen Nachfolger, Fortsetzer und Vervollständiger Fichte sich versteht, die Freiheit. Fichte teilt auch Kants Strategie, der Freiheit samt ihrer Gesetzessphäre – der Sittenwelt, einschließlich der Gebiete von Recht und Ethik, aber auch von Politik und Geschichte – dadurch Raum zu verschaffen, dass der Geltungsbereich der Natur und ihrer Gesetze als prinzipiell eingeschränkt nachgewiesen wird. Doch anders als Kant, bei dem die Gesetzesordnungen von Natur und Freiheit strikt voneinander getrennt sind und nebeneinander zu stehen kommen («System der Natur», «System der Freiheit»), sucht Fichte von Anfang an die Integration der beiden bei Kant noch separaten Systeme in ein einziges System von Natur wie Freiheit, das seinerseits ganz im Zeichen der Freiheit steht. Aus Fichtes Sicht ist die Natur, ungeachtet ihrer scheinbaren Selbständigkeit und anscheinenden Eigengesetzlichkeit, letztlich nichts als die Sphäre für die weltliche Verwirklichung freien Wollens und Handelns nach dessen eigenen Vorschriften und Gesetzen («das Materiale unserer Pflicht»). Im Hinblick auf diese Innovation kennzeichnet Fichte die Wissenschaftslehre denn auch als «das erste System der Freiheit» überhaupt.

Die Freiheit, die bei Fichte zugleich als erste Grundlage, als Hauptgegenstand und als letzter Zweck der wissenschaftlich ambitionierten Philosophie («Wissenschaftslehre») fungiert, fällt im Vergleich zu Kant noch formaler und unbestimmter aus. Für Fichte ist Freiheit, jenseits ihrer negativen Bedeutung als Freiheit von Fremdbestimmung aller Art, Selbsttätigkeit («Spontaneität») und Selbständigkeit («Unabhängigkeit»), die als solche und um ihrer selbst willen angestrebt werden sollen. An die Stelle des von der praktischen Vernunft selbst gegebenen Gesetzes («Autonomie») bei Kant tritt bei Fichte das formale Gebot, Freiheit um der Freiheit willen und ganz generell zu wollen und dann auch gezielt zu erhandeln. Wirklich frei ist, Fichte zufolge, wer von nichts und niemand anderem abhängt und voll und ganz aus sich selbst heraus und damit in ungetrübter, reiner Identität mit sich existiert.

Doch konzediert Fichte sogleich den bloß idealen Charakter solcher absoluten Freiheit, die, statt einen je erreichbaren Zielzustand vorzustellen, die unendlich fortschreitende Annäherung an ihn orientieren und motivieren soll. Dementsprechend steht im Zentrum von Fichtes Philosophie das In-, Mit- und Gegeneinander von immer angestrebter, unendlicher und je erreichter, endlicher Existenz des Freiheitswesens Mensch. Im Kern besteht das durch Freiheit geprägte Wesen des Menschen für Fichte im Wollen und Handeln. Doch soll die Tätigkeit nicht blind und willkürlich erfolgen, sondern nach Maßgabe der Vernunft und aufgrund von vernünftigem Wissen, das insofern praktisches Wissen ist.

Die praktische Ausrichtung des Wissens radikalisiert Fichte noch zum Primat des Praktischen gegenüber dem Theoretischen. Alles Wissen, auch das scheinbar bloß theoretische Wissen um die Beschaffenheit der Dinge, dient, so Fichte, letztlich der Begründung und Bereicherung von Wollen und Handeln. Umgekehrt beinhaltet der Primat des Praktischen bei Fichte aber auch die Einführung spezifisch praktischer Momente («Trieb», «Streben», «Sehnen») in die Konstitution des Wissens als solchem, unter Einschluss des theoretischen Erkennens. Für Fichte ist schon das Wissen und nicht erst das Wollen Tätigkeit, und zwar prinzipiell freie Tätigkeit, die von innen, spontan initiiert wird, auch wo sie scheinbar von außen beeinflusst oder gar bewirkt wird.

Veranlasst durch äußere Umstände und bedingt durch seine Überzeugung vom lebendig-tätigen Grundcharakter des Wissens einschließlich des philosophischen Wissens, stellt Fichte seine Philosophie immer wieder neu und jedes Mal anders dar. Von der zwanzigjährigen Arbeit an der Wissenschaftslehre (1794–1814) sind nicht weniger als sechzehn umfangreiche Darstellungen der Wissenschaftslehre erhalten. Fichte selbst hat davon nur die allererste Version und eine späte Zusammenfassung in Buchform publiziert (1794/95, 1810). Die übrigen Darstellungen, die allesamt auf Vorlesungszyklen zurückgehen, sind als originale Vortragsmanuskripte oder Vorlesungsnachschriften von fremder Hand erhalten und inzwischen komplett publiziert. Die Wissenschaftslehre im engeren Sinn ergänzt sowohl der frühe wie der späte Fichte um deren Anwendung auf die Gebiete von Recht («Rechtslehre») und Moral («Sittenlehre»). Dazu kommen populäre Präsentationen der Wissenschaftslehre selbst sowie von deren Anwendung auf die Gebiete von Religion, Geschichte und Politik.

Im Hinblick auf die vielen Veränderungen in der äußerlichen Darstellung seiner Philosophie betont Fichte selbst den durchweg unveränderten Grundcharakter der Wissenschaftslehre als philosophischer Theorie vom Wesen des Wissens und dem auf ihm zu gründenden Wollen und Handeln. Musikalisch gesprochen, handelt es sich um eine monumentale Serie von charakteristischen Variationen über ein gleichbleibendes Thema. Dabei lässt sich beobachten, dass Fichte im Verlauf zweier Jahrzehnte die Präsentation der Wissenschaftslehre jeweils klug und geschickt den sich wandelnden Diskurslagen der zeitgenössischen

Philosophie anpasst. Sein strategisches Ziel ist es dabei, die Aktualität der Wissenschaftslehre im Angesicht der fortschreitenden philosophischen Entwicklungen, die insbesondere von Schelling und dann auch von Hegel ausgehen, zu gewährleisten.

In der ersten Phase seiner Arbeit an der Wissenschaftslehre (1794–1799), die mit der Zeit seiner Jenaer Professur zusammenfällt und noch im unmittelbaren Umfeld der zeitgenössischen Debatten über Form und Funktion der Philosophie nach Kant steht, bindet Fichte die in seinem radikalisierten Freiheitsbegriff intendierte Selbsttätigkeit und Selbständigkeit des Wissens und Handelns an einen generisch gehaltenen Träger von Wissen, Wollen und Handeln, den er – im Rückgriff auf das Personalpronomen der ersten Person Singular – «das Ich» nennt. Doch ist das solcherart nominalisierte und generalisierte Ich bei Fichte kein Einzelich unter seinesgleichen, sondern nur erst ein allgemeines und insofern überindividuelles Ich-Prinzip («absolutes Ich»). Erst die weitere Entwicklung und Ausgestaltung bringt in das Ich die manifesten Merkmale von Individualität und Personalität, darunter vor allem Gegenstands- und Selbstbewusstsein.

Bedingung des Übergangs oder vielmehr des Fortschritts vom unendlichen und uneigentlichen zum endlichen und eigentlichen Ich ist, Fichtes narrativ strukturierter Darstellung zufolge, die primordiale Begegnung des absolut-allgemeinen Ich mit dem Phänomen von Begrenzung und Beschränkung («Anstoß»). Doch statt wie Kant die äußere Einwirkung auf angeblich selbständig existierende, aber unergründliche Dinge («Dinge an sich») zurückzuführen, neutralisiert und minimalisiert Fichte den fremden Einfluss zum abstrakten Anderen des Ich («Nicht-Ich»), das überdies vom Ich selbst aufgrund der Urerfahrung von Widerstand allererst und eigens angesetzt («gesetzt») wird.

In die konfrontative Konstellation von Ich und Nicht-Ich bringt der frühe Fichte sogleich eine elementare Differenzierung zwischen zwei Grundrelationen: der theoretischen Wissensbeziehung, bei der das Ich vom Nicht-Ich bestimmt wird, oder vielmehr als so bestimmt aufgefasst wird; und der praktischen Wissensbeziehung, bei der das Ich das Nicht-Ich bestimmt. In der weniger sperrigen Darstellungsweise der erstmals veränderten Darstellung der Wissenschaftslehre (*Wissenschaftslehre nova methodo*, 1796–1799) ausgedrückt, geht das theoretische Wissen auf die Bestimmung dessen, was ist («Gegenstand»), und das praktische Wissen auf die Bestimmung samt Verwirklichung dessen, was sein soll («Zweck»). Dabei sind theoretisches und praktisches Wissen so aufeinander bezogen, dass der erkannte Gegenstand die Grundlage für das Handeln nach Maßgabe des praktischen Wissens vom zu verwirklichenden Zweck liefert. Umgekehrt wird durch das vom praktischen Wissen angeleitete Handeln die Welt und damit das theoretische Wissen von der Welt gezielt verändert. In Fichtes Vorstellung durchdringen sich so Sinnenwelt und Sittenwelt und konvergieren in der Konzeption einer ganz der Freiheit und ihren Gesetzen anverwandelten Natur.

Die von Fichte anvisierte Integration von Natur und Freiheit unter dem Primat des Praktischen betrifft aber nicht nur die nach Sinnenwelt und Sittenwelt differenzierte Gegenstandsseite oder das Objekt. Auch auf Seiten des Selbst oder des Subjekts sucht Fichte das Gedankliche und das Materielle systematisch zusammenzuführen. So argumentiert er dafür, dass geistiges Leben der uns vertrauten Art («Bewusstsein», «Selbstbewusstsein») nur in Wesen zustande kommen kann, die individuell verfasst und mit einem eigenen Körper («Leib») ausgestattet sind, mittels dessen sie zuerst die Welt erfassen und sodann auf die Welt einwirken können. Vor allem aber weist Fichte nach, dass kein solches leiblich verfasstes mit Vernunft und Willen begabtes Wesen einzeln und in Isolation zum Erkennen und Handeln in der Lage ist. Vielmehr bedarf es, so Fichte, dafür der erzieherischen Interaktion, mittels derer ein Individuum das andere in den freien Gebrauch der eigenen Vernunft einführt («Aufforderung») – mit der Konsequenz, dass die so im Austausch stehenden frei-vernünftigen Individuen sich wechselseitig als solche betrachten und behandeln («Anerkennung») und dadurch eine Assoziation einander Ebenbürtiger («freie Gemeinschaft») bilden.

Um konsequente wechselseitige Anerkennung zwischen gleich

freien Individuen zu gewährleisten, bedarf es, so Fichte weiter, der Institution des Rechts samt dessen Anwendung auf die Gebiete von Politik und Wirtschaft. Für Fichte dient das Recht dazu, das prinzipiell mögliche und überdies vernünftig begründete Respektieren der einander grundsätzlich gleichgestellten Individuen dauerhaft und verlässlich zu machen. Insbesondere sieht Fichte die als Rechtsstaat («Staat des Rechts») angelegte rechtlich-politische Gemeinschaft mit der Aufgabe betraut, die natürlich gegebene Freiheitssphäre des einzelnen mit der aller anderen mit ihm in rechtlicher Gemeinschaft Stehenden verträglich zu regeln. Die im Recht einschlägige Form der Freiheit fasst Fichte dabei als äußere Freiheit der ungehinderten Betätigung, insofern dadurch die gleiche Freiheit der Anderen nicht einseitig und unverhältnismäßig beschränkt wird.

Eine andere Art der Freiheit und einen anderen Modus für deren Realisierung verortet Fichte außerhalb der rechtlich-politischen Sphäre im Bereich der Moral oder Ethik («Sittenlehre»), die Handlungen im Hinblick auf die ihnen zugrundeliegende Einstellung («Gesinnung», «Gewissen») reguliert. Gegenstand der Moral ist für Fichte nicht die Ermöglichung und Sicherung allgemeiner äußerer Wahlfreiheit durch Recht und Gesetz, sondern die freie, selbstbestimmte Wahl solcher Handlungen, die den einzelnen schrittweise dem vernünftig vorgegebenen Fernziel gänzlich selbstbestimmter Existenz näherbringen. Zur ethisch-moralischen Selbstvervollkommnung gehört für Fichte vor allem die gezielt gesuchte Übereinstimmung von sinnlich-leiblichem Antrieb («Naturtrieb») und sittlicher Orientierung («reiner Trieb»). Für Fichte besteht sittliches Handeln in der vom Gewissen geleiteten Auswahl und Aufnahme gerade solcher natürlich vorgegebenen Triebziele in den Umkreis vernünftig begründeter Handlungen, die zur stetigen, wenn auch unendlichen Annäherung an das Ideal selbstbestimmter Existenz dienen («sittlicher Trieb», «gemischter Trieb»).

Die für sinnlich-sittlich integriertes Handeln erforderliche Freiheit besteht, so Fichte, zum einen in der vorauszusetzenden negativen Freiheit, sich von Trieben aller Art, darunter auch dem rein-sittlichen Trieb, distanzieren zu können («formale

Freiheit»). Dies trägt ein Moment von Wahlfreiheit in alles Handeln einschließlich des moralischen Tuns und Lassens. Zum anderen besteht Freiheit im Sittlichen in der anzustrebenden positiven Freiheit purer Selbstbestimmung, die überdies um ihrer selber willen anzustreben ist («materiale Freiheit»). Während die formale Freiheit vom Triebdiktat das Handeln offenhält für unterschiedliches Verhalten, bringt die materiale Freiheit vollkommen vernünftiger Identität eine zunehmende Standardisierung der sittlichen Selbstverwirklichung mit sich, aufgrund derer, nach Fichtes Auffassung, letztlich alle gleich handeln sollen – auf gleiche Weise vernünftig, aber auch auf vernünftige Weise gleich. Bei Fichte steht so einer geradezu liberalen Auffassung von rechtlicher Freiheit als politisch-gesellschaftlich geschützter individueller Wahlfreiheit eine Auffassung von moralischer Freiheit gegenüber, die Freiheit auf vernünftig verordnete und sittlich gesollte Selbstbestimmung einschränkt.

Die Ambiguität in Fichtes Freiheitsverständnis wird noch verstärkt durch eine Veränderung, die in den späteren Darstellungen der Wissenschaftslehre (1800–1814) und den damit im Zusammenhang stehenden Neudarstellungen der Rechts- und Sittenlehre (1812) festzustellen ist. Den frühen Fokus auf Freiheit als Ursprung und Zweck von Wissen und Wollen ergänzt Fichte schon bald um die Rückführung von Wissen wie Wollen auf einen unverfügbaren Geltungsgrund. Stand im Mittelpunkt der frühen Präsentation von Fichtes Fundamentalphilosophie das Ich als absolut-freier Träger von vernünftigem Wissen und Wollen («absolutes Ich»), so behandelt Fichte in späteren Jahren das Ich qua Vernunftgestalt nur mehr als die notwendige Art und Weise, in der das Wissen und das ihm korrespondierende Wollen auftreten («Ichform»). Im Mittelpunkt steht jetzt das Wissen und Wollen als solches, dem von Fichte nun im Hinblick auf dessen unbedingte Geltung («Gewissheit», «Wahrheit») Absolutheitscharakter zugesprochen wird («absolutes Wissen»).

Schließlich geht Fichte dazu über, die Absolutheit, die dem Wissen als solchem zukommt – seine Validität unabhängig von zufälligen subjektiven und objektiven Umständen mentaler oder physischer Art –, separat zu präsentieren und mit traditionellen Titeln zu versehen («das Sein», «das Absolute», «Gott»). Das Wissen fasst Fichte dabei als die singuläre Manifestationsform («Erscheinung») des Absolut-Unbedingten, so dass erscheinendes Absolutes und absolutes Wissen («absolute Erscheinung») einander wechselseitig erfordern und funktional ergänzen. Doch genauso wenig wie die in ichlicher Ausdrucksweise vorgetragene frühe Wissenschaftslehre von einem zufälligen individuellen Ich handelt und in Psychologie aufgeht, bildet der Rekurs der späten Wissenschaftslehre auf theologische Termini einen Rückfall in traditionelle Metaphysik oder gar Mystik. Dem frühen wie dem späten Fichte geht es um die grundsätzliche Begründung des Wissens und des daraus resultierenden Wollens. In seinem Kern und in seinem Anliegen ist und bleibt Fichtes Philosophieren Wissenschaftslehre.

Doch gibt es eine Hinsicht, in der Fichtes philosophisches Denken schon früh, aber besonders deutlich in seiner späteren Phase das Unternehmen der Wissenschaftslehre gezielt und erklärtermaßen zu überschreiten zielt. Es ist dies der – nach Fichtes Auffassung – von der Philosophie ganz generell zu leistende Übergang vom Wissen zur Wirklichkeit und vom Wollen zum Handeln. Doch handelt es sich bei diesem Schritt nicht eigentlich um eine Erweiterung der Philosophie, so als bedürfte sie der Vervollständigung oder Verbesserung. Vielmehr zielt die Philosophie qua Wissenschaftslehre mit dieser Ausrichtung über sich selbst hinaus, um in einem paradoxen Prozess der Selbstüberwindung, ja Selbstvernichtung die ihr adäquate Verwirklichung außerhalb ihrer selbst zu finden. Diese von der Philosophie selbst und als solcher ganz verschiedene Wirklichkeit, von der die Philosophie handelt, ohne sie zu erreichen, und auf die sie verweist, ohne sie zu sein, kennzeichnet der späte Fichte bevorzugt mit dem Ausdruck «Leben».

In Fichtes Vorstellung von Stellung und Funktion der Philosophie ist das Leben als das eigentlich allein Wirkliche nicht nur das außerphilosophische Ziel, sondern auch die vorphilosophische Grundlage der Philosophie und darüber hinaus allen Wissens. Um am Ende effektiv auf das Leben einwirken zu können, muss die Philosophie am Anfang dem Leben entstammen, als dessen Funktion und Instrument sie sich damit, für Fichte, erweist. Fichte selbst hat den Beitrag des Wissens und speziell des philosophischen Wissens zum Leben in der Metapher vom Auge, das einer an sich blinden Tätigkeit – dem Leben – eingesetzt wird, gefasst. Die intrinsische Bezogenheit der als Wissenschaftslehre ausgestalteten Philosophie, und darüber hinaus allen Wissens, auf das Leben gibt Fichte bevorzugt mit der Rede vom «Bild» wieder, das dabei in eins die Bedeutungen von Gebilde und Abbild, von eigener Gestaltung und bloßer Kopie besitzt. In dieser Sicht ist für Fichte alle Philosophie zwar nur *Bild* des Absoluten, aber eben auch Bild des *Absoluten.*

3. Die Philosophie der Natur: Friedrich Wilhelm Joseph Schelling

«Mit dem ersten Bewusstsein einer Außenwelt ist auch das Bewusstsein meiner selbst da, und umgekehrt, mit dem ersten Moment meines Selbstbewusstseins tut sich die wirkliche Welt vor mir auf. Der Glaube an die Wirklichkeit außer mir entsteht und wächst mit dem Glauben an mich selbst; einer ist so notwendig als der andere; beide – nicht spekulativ getrennt, sondern in ihrer vollsten, innigsten Zusammenwirkung – sind das Element meines Lebens und meiner ganzen Tätigkeit.»

F. W. J. Schelling, *Ideen zu einer Philosophie der Natur* (1797)

Friedrich Wilhelm Joseph Schelling (1775–1854), der aus einer schwäbischen Pfarrersfamilie stammt, gelangt nach theologisch-philosophischer Schulung am Tübinger Stift (1790–1795), wo er Generationsgenosse von Hölderlin und Hegel ist, aufgrund früher eigenständiger Veröffentlichungen im Umfeld der Philosophie Fichtes zu einer Professur in Jena (1798–1803) und wirkt ab 1803 in Bayern: zunächst als Professor in Würzburg (1803–1806), dann als Generalsekretär der Akademie der bildenden Künste in München (1807–1823), bei gleichzeitiger Lehrtätigkeit in Erlangen (1820–1826), und schließlich als Professor an der von Landshut nach München verlegten Universität (1827–1839). Im hohen Alter tritt er noch die Nachfolge Hegels in Berlin an (1841). Zu den Berliner Hörern des greisen Schelling zählen Kierkegaard, Bakunin und Engels.

Schellings philosophisches Wirken reicht von frühen Beiträgen zur Fortentwicklung der Philosophie Fichtes (*Vom Ich als Prinzip der Philosophie*, 1795) über eigene philosophische Positionen zur Philosophie der Natur (*Erster Entwurf zu einem*

System der Naturphilosophie, 1799) und zur Philosophie des Absoluten (*Darstellung meines Systems der Philosophie*, 1801) und ihres Verhältnisses zu Religion und Theologie (*Philosophie und Religion*, 1804; *Philosophische Untersuchungen über das Wesen der menschlichen Freiheit*, 1809) bis zu Ausarbeitungen und Entwürfen einer Philosophie der Geschichte (*Die Weltalter*, 1811–1827). Das umfangreiche, noch nicht zureichend edierte Spätwerk Schellings aus den Münchner und Berliner Jahren umfasst umfangreiche Vorlesungsmaterialien zur philosophischen Deutung der religiösen Traditionen von Polytheismus und Monotheismus (*Philosophie der Mythologie*; *Philosophie der Offenbarung*, beide ab 1827).

Während Fichte in der produktiven Auseinandersetzung mit Kant durchweg die konstitutive Funktion des Subjekts («Ich», «Wissen», «Wille») herausstellt, zielt das Denken Schellings von Anfang an auf die Einbettung der Formen und Funktionen von Subjektivität in einen umfassenden Zusammenhang, der das Subjektive mit dem Objektiven und das Ideale mit dem Realen ursprünglich verbindet. Schellings strategische Absicht ist es dabei aber nicht, den kritischen Idealismus Kants und Fichtes einfach zu dementieren. Vielmehr geht es Schelling durchweg darum, den gut begründeten Grundansatz seiner Vorläufer gezielt zu ergänzen, um einer sich abzeichnenden Einseitigkeit in der Ausrichtung der Philosophie seit Kant entgegenzuwirken.

Gegenüber der von Kant und Fichte vorgenommenen Anbindung der Philosophie von Vernunft und Freiheit an den kritischen Idealismus macht Schelling einen kritisch konzipierten Realismus geltend, der eine der Vernunft und dem Wissen vorgelagerte Dimension der Wirklichkeit erschließen soll. Der idealistischen Herleitung der Wirklichkeit aus subjektiven Setzungen stellt er so einen Realismus zur Seite, der die Grundlage setzender Subjektivität in einem unverfügbaren, absoluten Realen verortet. Damit tritt an die Stelle der scheinbaren Alternative von kritischem Idealismus und unkritischem Realismus, die bei Kant und Fichte einseitig zugunsten des Idealismus entschieden wird, die genuine Alternative von Idealismus und Realismus.

Im Zentrum von Schellings realistischem Komplementärprojekt zum kritischen Idealismus Kants und Fichtes steht der Begriff der Natur. Für Kant wie Fichte ist Natur nichts Selbständiges, sondern widerständiger Gegenstand von Wissen und Handeln, die sich an ihm abzuarbeiten haben. Speziell bei Kant bezeichnet «Natur» den Komplex der gesetzlich geregelten Gegenstände in Raum und Zeit. Die so verstandene Natur umfasst wesentlich die physikalische Wirklichkeit als Gegenstand der modernen Naturwissenschaft. Für Fichte ist die Natur das Betätigungsfeld für Wollen und Handeln aller Art. Dagegen rekurriert Schelling schon früh auf einen Naturbegriff, demzufolge Natur nicht primär Objekt ist, sondern etwas selber und selbständig Tätiges und insofern auch Subjekt.

Der andere, absolute Naturbegriff, den Schelling so gegen Kant und Fichte in Stellung bringt, geht zurück auf Spinoza (1632–1677), dessen Philosophie nach hundert Jahren der Nichtbeachtung oder Verleumdung wegen ihres angeblichen Atheismus und Fatalismus zu Ende des 18. Jahrhunderts in Deutschland eine Renaissance erlebt («Pantheismusstreit»). Spinoza unterscheidet von der bloßen Natur als fertigem Produkt und fixem Gegenstand («natura naturata») eine ursprünglich-schaffende Natur («natura naturans»), die er kurzerhand mit Gott identifiziert («Deus sive natura»). Der Gott der solcherart von Spinoza vergöttlichten Natur ist nicht personal individuiert, sondern kosmisch diffundiert. Darüber hinaus sind der Allnatur bei Spinoza eine unendliche Zahl von Erscheinungsformen («Attribute») zugeordnet, von denen menschlicher Einsicht aber nur das Denken und die Ausdehnung zugänglich sind. Die einzelnen Dinge und Geister sind dann, Spinoza zufolge, nichts als eingeschränkte Existenzarten und -weisen («Modi») der absoluten Natur.

Schellings gezielter Rückgriff auf Spinozas Naturkonzeption steht im größeren Zusammenhang seiner Bemühung um eine Form des Philosophierens, die Idealismus und Realismus, kurz: Kant und Spinoza, zu vereinbaren sucht. Dabei ist die Überzeugung leitend, dass sich die beiden scheinbar einander diametral entgegengesetzten Arten des Philosophierens gut ergänzen und wechselseitig vervollständigen. Im Verhältnis zu Spinoza und Kant geht es Schelling also nicht, wie noch Fichte, um eine exklusive Alternative und eine prinzipielle Wahl, sondern um Konjunktion und Kombination. Dieses Programm, das Hegel dann von Schelling übernimmt und fortführt, sieht vor, das Absolute nicht nur, wie es vor allem Fichte tut, als Subjekt zu denken («Ich»), sondern ebenso als Substanz («Natur», «Geist»).

Der frühe Schelling entwickelt seine kreative Naturkonzeption in Gestalt eines Parallelprojekts zur Transzendentalphilosophie Kants und zur Wissenschaftslehre Fichtes, für das er auf den Titel «Naturphilosophie» zurückgreift. Ursprünglich bezeichnet der Terminus den Teil der Philosophie, der die Natur zum Gegenstand hat – im Unterschied zur Moralphilosophie, deren Gegenstand das menschliche Handeln ist («Sittenlehre»). Bei Schelling dient der alte Ausdruck aber nur der Kennzeichnung einer alternativen Art des Philosophierens, die statt, wie Kant und Fichte, die Natur vom Subjekt her zu denken, die Natur aus sich selbst heraus zu erfassen sucht, um dabei auch das Subjekt als Produkt einer umfassend gedachten Natur herzuleiten.

Doch verabschiedet der frühe Schelling den von Kant und Fichte kultivierten philosophischen Ansatz beim Subjekt nicht ganz und gar. Vielmehr soll die realistische Reduktion des Geistes auf die Natur durch die umgekehrte idealistische Integration der Natur in den Geist konterkariert und kompensiert werden. Wohl aber zeichnet sich schon beim frühen Schelling eine dann später deutlicher werdende Tendenz ab, der Natur in deren originaler, kreativer Bedeutung den Vorrang gegenüber dem Subjekt und seinen Setzungen einzuräumen. Doch geht diese Entwicklung bei Schelling einher mit einer Bedeutungserweiterung des Naturbegriffs und der ihm verbundenen Naturphilosophie, die den Gegensatz von Natur und Geist mehr und mehr hinter sich lässt.

Die Dimension, die dem Naturbegriff bei Schelling so zuwächst, ist die Geschichte als Entwicklungsraum von Natur wie Geist. Zunächst dynamisiert Schelling die Natur in engerer Bedeutung, indem er das Ensemble der Naturphänomene und der ihnen zugrundeliegenden Kräfte als ein sich wechselseitig steigerndes Zusammenspiel gegensätzlicher Faktoren («Potenzen») darstellt («Konstruktion»). Statt ein statisches System zu sein, erweist sich Natur so als komplexer, sich selbst differenzierender, aber auch reintegrierender Organismus. Des Weiteren trägt Schelling die Vorstellung einer geschichtlich ausgestalteten Natur auch in die Sphäre des Geistes, der sich nun seinerseits als Gegenstand und Träger von fortschreitender Entwicklung erweist. Zur Natur des Geistes gehört für Schelling dessen aufsteigende Entwicklung von primitiven zu zunehmend raffinierten Ausgestaltungen des individuellen wie kollektiven Bewusstseins von Welt und Selbst («Geschichte des Selbstbewusstseins»). In die solcherart rekonstruierte Naturgeschichte des Geistes gehören für ihn auch die kollektiven Kulturleistungen von Wissenschaft, Kunst und Politik. Besonders bemerkenswert ist dabei Schellings Einschätzung der philosophischen Leistungsfähigkeit der Kunst, die er für besonders befähigt hält, die Einsichten der Philosophie sinnfällig und insofern allgemein verständlich zur Darstellung zu bringen («Organ und Dokument der Philosophie»).

In der Fortentwicklung seines naturphilosophischen Denkens gelangt Schelling schließlich zu einer grundsätzlichen Einschätzung der ursprünglichen Einheit und heimlichen Identität von Natur und Geist. Statt die beiden Bereiche weiterhin nur dynamisch und reziprok aufeinander zu beziehen und auseinander hervorgehen zu lassen (Natur aus Geist, Geist aus Natur), führt sie Schelling schließlich auf einen identischen Ursprung zurück, der ihrer Differenzierung und generell aller Differenzierung vorausliegen soll. Schelling versieht den prädisjunktiven, unbedingten Ursprung von allem und jedem mit dem traditionellen Titel «das Absolute», stellt aber sogleich klar, dass die damit behauptete absolute Identität als solche keine weitere Bestimmung zulässt, sondern als etwas gänzlich Unbestimmtes und Undifferenziertes anzusehen ist («absolute Indifferenz»).

Den Übergang von der ursprünglichen Ununterschiedenheit zu der manifesten Verschiedenheit von Natur und Geist samt deren jeweiligen weiteren Differenzierungen versucht Schelling zunächst noch nach dem naturphilosophischen Modell von Konstruktion und Potenzierung aufzufassen. Doch schon bald ersetzt er die Vorstellung eines gesetzlich geregelten Übergangs vom Absoluten zu dessen multipler Manifestation («Erscheinung») durch die Annahme eines unbegründeten und unvermittelten Sprungs vom Absoluten zu dessen Erscheinung. Überdies assoziiert er den sprunghaften Übergang mit Verlust und Versagen («Abfall»). An die Stelle vernünftig geregelter Abfolgeverhältnisse («Grund»–«Folge») tritt damit der irrationale Absprung («Abgrund»). In dieser Perspektive sind Natur wie Geist zugleich Verwirklichungs- und Verfallsformen eines unerforschlichen Absolut-Einen.

Die Zurückführung des Parallelismus von Natur und Geist auf eine Alleinheitslehre des undifferenzierten Absoluten verwandelt Schellings frühe Philosophie einer allschaffenden Natur («Naturphilosophie») in eine Philosophie absoluter Identität («Identitätsphilosophie»), verbunden mit einer Erscheinungslehre des Absoluten unter dessen Grundgestalten als Natur und Geist. Doch daneben erhält sich bei Schelling weiterhin, wenn auch in abgewandelter Form, die absolut grundlegende Funktion speziell der Natur für alles und jedes, einschließlich der Welt des Geistes. Maßgeblich für das Fortwirken eines primordialen Naturverständnisses beim späteren Schelling ist die kritische Unterscheidung zwischen der Existenz eines Wesens und dem Grund von dessen Existenz. «Grund» meint in diesem Zusammenhang nicht den Grund, dank dessen etwas existiert (lateinisch «ratio»), sondern die Grundlage von dessen Existenz («fundamentum»), die der Existenz nicht nur vorausgeht, sondern die sich in ihr auch erhält und als Träger seiner Existenz fortwirkt.

Ein solcher Grund hinter der – oder vielmehr: unter der – Existenz eines jeden Wesens, egal welcher Art, macht für den späteren Schelling die «Natur» dieses Wesens aus. «Natur» bezeichnet dabei für Schelling auch nicht einfach die fixe Essenz eines Wesens, die ein für alle Mal vorliegt. Vielmehr versteht Schelling unter «Natur» dic dynamische, in die Existenz drängende Verfassung eines Wesens noch unabhängig von seiner faktischen Existenz, in der es deshalb auch nie ganz aufgeht. Natur in dieser Tiefenbedeutung schließt – in Schellings anthropomorpher Ausdrucksweise – das Vorwärtsdrängen in die Existenz («Trieb») ebenso ein wie die rückwärtige Orientierung in den Grund, dem das Wesen entstammt und dem es immerfort zugehört («Sehnsucht»).

Schellings strenge Scheidung der Existenz eines Wesens von dem Grund der Existenz dieses Wesens trägt in jedes Wesen – in der von Schelling bevorzugten Metaphorik ausgedrückt – die Spannung von dunklem Grund und lichter Existenz: Das Dunkle drängt zum Licht, und umgekehrt ruht das Helle auf dunklem Grund. Deshalb glaubt Schelling auch in allen endlichen Wesen einen nostalgischen Zug («Sehnsucht») in den eigenen inneren Ursprung («Grund») ausmachen zu können. Schelling geht sogar so weit, selbst das personal vorgestellte Absolute («Gott») in die Dynamik von Wesensgrund und Existenzform einzubeziehen («Natur in Gott»).

Vor allem aber erlaubt es der untergründig gedachte Naturbegriff Schelling, Natur und Freiheit, statt sie einander entgegenzusetzen, radikal zusammenzudenken und so die dem Menschen eigentümliche Freiheit («menschliche Freiheit») auf ihren Wesensgrund zurückzuführen. Zu diesem Zweck platziert Schelling den Menschen in den kosmologischen Kontext der generellen Graduierung von bloßer, dunkler Natur («Trieb») zu bewusstem, hellem Geist («Verklärung»). Im Rückgriff auf menschliche Verhältnisse fasst er dabei die untergründige Natur als Wille («Urwille») und den Geist als Intellekt («Verstand»). Auch für das göttliche Wesen macht Schelling eine solche Unterscheidung geltend, allerdings mit der Qualifikation, dass im vollkommenen Wesen Wille und Verstand eine allgemeine Einheit bilden («Universalwille»), während in aller endlichen Existenz («Kreatur») das Wollen selbstisch verfasst ist («Eigenwille», «Partikularwille»).

Speziell im Menschen lokalisiert Schelling die Befähigung zur Verwandlung des kreatürlichen Eigenwillens zum vernünftigen Allgemeinwillen. In dieser Hinsicht ist der Mensch für Schelling kein Teil der Naturordnung, sondern Geist («über und außer aller Natur»). Doch von seinem natürlichen Grund her bleibt der Mensch durch den Eigenwillen geprägt, der eigens überwunden werden muss durch dessen Überführung in den vernünftigen oder allgemeinen Willen. Die Stellung des menschlichen Willens zwischen dem kreatürlichen Eigenwillen und dem vernünftigen Allgemeinwillen macht für Schelling das Wesen der Freiheit des Menschen aus, die deshalb nicht in beliebiger Wahl besteht, sondern in der alternativen Grundbefähigung zum bloß eigenwilligen und zum vernünftig-allgemeinen Handeln («Vermögen des Guten und des Bösen»).

Für Schelling, der darin Kant folgt, ist das Böse also nicht einfach ein Mangel oder eine Minderung des Guten, sondern eine genuine Realität und insofern etwas Wirkliches («Positives»). Insbesondere beinhaltet das Böse – generell in der Schöpfung wie speziell im Menschen – einen Defekt, der in der Umkehrung der vorgesehenen Verhältnisse besteht («positive Verkehrtheit»). Statt den Willen dem Verstand unterzuordnen, indem dem Willen die vernünftige Form der Allgemeinheit erteilt wird, bleibt der böse Wille selbstisch und insofern abgesondert. Damit entzieht sich der böse Wille dem kosmischen Fortschrittsprozess, der für Schelling in der Vergeistigung des bloßen, blinden Wollens zum vernünftig-allgemeinen Willen besteht.

Die Identifikation der menschlichen Freiheit mit der doppelten moralischen Befähigung des Menschen – zum Guten wie zum Bösen – beinhaltet für Schelling zunächst nur die Möglichkeit der Freiheit («Vermögen»), die darauf beruht, dass der Mensch den eigenen Willen sowohl dem zentralen, allgemeinen Willen zu unterstellen als auch ihn zum exzentrischen, partikularen Willen zu verselbständigen vermag. Um darüber hinaus auch die Wirklichkeit des Bösen im Menschen aufzuzeigen, rekurriert Schelling noch einmal auf Kant, der das Böse auf eine vorgängige, außerhalb der Zeit fallende charakterliche Urwahl («intelligibler Charakter») zurückführt, durch die das menschliche Wollen ganz generell und von Grund auf korrumpiert wird («das radikale Böse»), indem es prinzipiell das eigene dem allgemeinen Wohl und Interesse vorordnet und vorzieht.

Für Schelling ist die Wahl zwischen dem Guten und dem Bösen deshalb nicht beliebig frei («Willkür»). Auch betrifft für ihn die menschliche Freiheit nicht einzelne Handlungen, die immer durch innere Gründe oder äußere Ursachen hinreichend bestimmt sind («Determinismus»). Vielmehr gilt die einzig mögliche genuin freie Wahl dem Guten als solchem im Rahmen einer Urhandlung, die außerhalb der Zeit fällt («ewige Tat») und die in der grundsätzlichen Unterordnung des Eigenwillens unter den allgemeinen Willen besteht. Damit beinhaltet die dem Menschen zukommende Freiheit bei Schelling wesentlich die vernünftige Selbstbestimmung des Willens («absolute Freiheit»), die schon bei Kant und Fichte zu finden ist, auf denen Schelling in dieser Hinsicht auch explizit aufbaut.

Doch gehören für Schelling, der darin über Kant und Fichte hinausgeht und ähnliche Überlegungen Schopenhauers vorwegnimmt oder vielmehr anbahnt, die Möglichkeit und die Wirklichkeit der menschlichen Freiheit in den weiteren Rahmen eines kosmischen Prozesses, der in Natur und Geschichte insgesamt vom blinden Willen zum vernünftigen Wollen und vom potentiell oder aktuell Bösen zum frei gewählten Guten führen soll. In diesen weltweiten Entwicklungsgang fügt Schelling sogar Gott ein, der ebenso der Unterscheidung von Grund und Existenz unterliegt, der damit auch das Vermögen des Guten und des Bösen besitzt und der seinerseits der Möglichkeit eines verkehrten Wollens unterliegt («der umgekehrte Gott»).

Anders auch als Kant und Fichte, die den stetigen Fortschritt der Vernunft in Theorie und Praxis zu begründen und zu befördern suchen, verzeichnet Schelling in seinen späteren Arbeiten den Verfall und Verlust von genuiner Freiheit in einer unvollkommenen Welt, die für ihn ganz generell durch den biblischen Sündenfall geprägt ist. Unter diesen Bedingungen verortet Schelling schließlich Freiheit und Vervollkommnung in einem Jenseits, das sich aber dem religiösen Glauben des einzelnen schon hier und jetzt in ethischer Einstellung eröffnen soll. Abweichend von Kant und Fichte, die das Prinzip der Freiheit und die Perspektive auf Fortschritt nicht zuletzt in der Sphäre von Recht und Politik verorten, aber auch von Hegel, der die Vernunft in Geschichte und Gegenwart zu entdecken sucht, gibt sich der späte Schelling betont staatskritisch und generell gegenwartsskeptisch.

Im Umkreis der revolutionären politisch-philosophischen Entwicklungen der Jahrhundertmitte, speziell bei Marx, nimmt sich der späte Schelling aber nicht nur weltfremd und nostalgisch aus, sondern auch prophetisch und vorwärtsweisend. Das Gleiche gilt für die Kritik des späten Schelling an einer mit den Mitteln der bloßen Vernunft zustande gebrachten Philosophie («reinrationale Philosophie»), mit der Schelling die Kritik Kierkegaards am abstrakten Denken der akademischen Philosophie antizipiert und deren Ergänzung oder vielmehr Ersetzung durch ein anderes Denken («positive Philosophie») inspiriert. Schließlich erscheint auch der fortwährende vernunftkritische Fokus von Schellings Philosophie auf dem Wollen als basaler Wirklichkeit («Ursein») als vorwärtsblickend, insbesondere im Hinblick auf Schopenhauers und Nietzsches ähnlich gelagerte Einschätzung des Verhältnisses von Vernunft und Willen.

4. Die Philosophie des Geistes: Georg Wilhelm Friedrich Hegel

«Alles Tun des Geistes ist deshalb nur ein Erfassen seiner selbst, und der Zweck aller wahrhaften Wissenschaft ist nur der, dass der Geist in allem, was im Himmel und auf Erden ist, sich selbst erkenne.»

G. W. F. Hegel, *Enzyklopädie der philosophischen Wissenschaften* (1830)

Georg Wilhelm Friedrich Hegel (1770–1831), der einer württembergischen Beamten- und Pfarrersfamilie entstammt, ist nach dem Besuch des Tübinger Stifts (1788–1793) zunächst Hauslehrer in Bern und Frankfurt (1793–1796 und 1797–1801), dann – auf Vermittlung seines dort bereits installierten Tübinger Studienfreundes Schelling – in Jena Privatdozent (1801–1807), bevor er zunächst als Zeitungsredakteur nach Bamberg (1807/08) und anschließend als Gymnasialprofessor und -rektor nach Nürnberg geht (1808–1816). Eine erste Professur, an der Universität Heidelberg, hat er nur kurz inne (1816–1818), bevor er einen Ruf an die Universität Berlin annimmt (1818–1831), wo er viel beachtete und gleich nach seinem Tod auch publizierte Vorlesungszyklen hält: über die Rechtsphilosophie, die Philosophie der Religion, die Ästhetik, die Philosophie der Weltgeschichte und die Geschichte der Philosophie.

Hegels akademische und literarische Karriere verläuft anfangs im Umkreis der Arbeiten Schellings (*Die Differenz des Fichteschen und Schellingschen Systems der Philosophie*, 1801) und im Horizont zeitgenössischer Debatten (*Glauben und Wissen*, 1802). Der Durchbruch gelingt ihm dann mit einem als Einleitung in das angestrebte System der Philosophie geplanten Werk, das über der Ausarbeitung zur Vorversion von großen

Teilen des Systems selbst wächst (*Die Phänomenologie des Geistes*, 1807). Das komplette System liefert Hegel erst später in einem umfangreichen Umriss (*Enzyklopädie der philosophischen Wissenschaften*, Heidelberger Fassung 1817, Berliner Fassungen 1827 und 1830). Einzelne Teile des Systems erscheinen auch noch in separat ausgearbeiteter Form (*Die Wissenschaft der Logik*, 1812/16, 1831; *Grundlinien der Philosophie des Rechts*, 1820).

Verglichen mit den revolutionären frühen philosophischen Arbeiten Fichtes und den genialen frühen philosophischen Ansätzen Schellings kommt Hegels philosophisches Werk eher langsam, dafür aber umso gründlicher zur Entfaltung. In zunehmend kritischer Auseinandersetzung mit Fichte und Schelling, aber auch im Rückgriff auf andere ältere und zeitgenössische Autoren (Spinoza, Kant, Friedrich Heinrich Jacobi) konzipiert Hegel ein philosophisches System, dessen Grundlegung und Umriss detailliert ausgeführt sind, während die einzelnen Teile des Systems dann eher selektiv zur Darstellung kommen. Charakteristisch für Hegels Philosophieren ist die enge Verbindung und die innige Einheit von Methode und Material, von Form und Gehalt, die inhaltliche Bestimmungen methodisch streng zu gewinnen und methodische Verfahren von der Beschaffenheit des Untersuchungsgegenstandes her zu entwickeln strebt.

Im Zentrum des von Hegel früh anvisierten, ausführlich vorbereiteten und langfristig ausgeführten Systems, das ebenso die Vielheit wie die Einheit des philosophischen Wissens zur Darstellung bringen soll, steht der Methoden- und Sachbegriff des Geistes. Dabei dient der Begriff Hegel als Leitfaden für die philosophische Auffassung der Wirklichkeit in Raum und Zeit, in Natur und Kultur, in Geschichte und Gegenwart, die sich durchweg als von Geist getragen erweisen soll. Der Begriff fungiert als Indiz des gedanklichen Grundcharakters aller Wirklichkeit («Idealität», «Idealismus»), die sich so als begrifflich bestimmt und durch intelligente Eigenschaften geprägt bestätigt. Ganz grundsätzlich greift Hegel auf den Begriff des Geistes zurück, um das lebendige Ineinander von Einheit und Vielheit, von Identität und Differenz in der Verfassung der natürlichen wie der geschichtlichen Welt zu kennzeichnen.

Der funktionale Vorläufer des Geistbegriffs in Hegels ganz frühen Texten sind zwei Konzepte, die der zeitgenössischen philosophischen Diskussion entstammen und die ebenfalls das dynamische Verhältnis von Teil und Ganzem sowie die reziproke Relation von einem und anderem anzuzeigen geeignet sind: Liebe und Leben. Mit dem Wechsel zum Begriff des Geistes wählt Hegel einen Terminus, der zusätzlich zu den früher von ihm verwendeten Ausdrücken noch die gesellschaftliche und geschichtliche Dimension der Wirklichkeit in den Blick nimmt. Dabei orientiert sich Hegel auch an der übertragenen Bedeutung, die dem Begriff bei Montesquieu (*Vom Geist der Gesetze*, 1748) und bei Herder (*Vom Geist der Ebräischen Poesie*, 1782/83) zukommt, die damit das inspirierende und organisierende Prinzip hinter Kulturleistungen aller Art ausweisen.

In Hegels systematischer Selbstpositionierung gegenüber Fichte und Schelling geht der Rückgriff auf den Geistbegriff zusammen mit dem Bemühen, deren im Verhältnis zueinander zwar komplementäre, aber einzeln betrachtet weiterhin einseitige Auffassungen des absolut-ersten Prinzips von Wissen und Wirklichkeit originell zu vereinbaren. Beiden Vorgängern, wie auch Kant, spricht Hegel das Verdienst zu, die ursprüngliche Zweieinheit von Denken und Sein, von Begriff und Gegenstand erfasst zu haben («Subjekt-Objekt»). Doch moniert Hegel an Fichte die Verengung auf die subjektive Seite des Absoluten («subjektives Subjekt-Objekt»), während er an Schelling die umgekehrte Privilegisierung der Gegenstandsseite kritisiert («objektives Subjekt-Objekt»). Hegels alternativer Ansatz sieht vor, das Absolute als ebenso sich selbst differenzierend wie sich selbst reintegrierend aufzufassen.

Statt Einheit und Vielheit bloß einander entgegenzusetzen («abstraktes Denken»), begreift Hegel die Einheit als selbst Vielheit beinhaltend und als die Einheit aus Vielheit (re)generierend («konkretes Denken»). Im Rückgriff auf logische Verhältnisse (Identität, Widerspruch) fasst er zudem die Einheit als Übereinstimmung und die Vielheit als Gegensätze. Hegels frühe

Formel für das Absolute lautet dann: «Identität von Identität und Differenz». Absolut ist an dem so konzipierten Allumfassend-Einen die Überlegenheit gegenüber allen Gegensätzen unter Einschluss des Gegensatzes von Einheit und Gegensatz.

Zur Kennzeichnung der systematischen Rolle, die Gegensätze aller Art bei der Ausgestaltung differenzierter Einheit besitzen, greift Hegel auf die antike Disziplin der Dialektik als Lehre von der Aufstellung und Auflösung scheinbar widersprüchlicher Aussagen zurück (Platon, Aristoteles), die schon von Kant aufgenommen wird für die Darstellung gegensätzlicher philosophischer Positionen («transzendentale Dialektik»). Doch legt Hegel die logische Dynamik konkurrierender Konzepte («spekulative Dialektik») zusätzlich steigernd an, so dass die Gegensätze produktiv werden («bestimmte Negation») und zu einer höheren Stufe von Einheitsbildung führen («Aufhebung»).

Als den Motor hinter der progressiven dialektischen Bewegung, die Bestimmungen aller Art an Gegenständen aller Art umfasst, macht Hegel den Geist aus. Anders als das Ich oder das Wissen bei Fichte ist der Geist für Hegel nicht nur der spontane Träger von Handlungen («Subjekt»). Anders als die Natur bei Schelling ist Hegels Geist auch nicht nur die Grundlage («Substanz») von Bestimmungen. Hegel zufolge ist der Geist vielmehr ebenso Subjekt wie Substanz. Sodann ist der gezielt generalisierte Geist bei Hegel nicht auf die Organisation und Animation menschlichen Handelns beschränkt, auch wenn er dort zur eigentlichen Entfaltung gelangt («Philosophie des Geistes»). Auch außerhalb der manifesten Sphäre des Geistes ist, Hegel zufolge, der Geist schon am Werk. Dies gilt für die Natur, die das Andere des Geistes darstellt und ihm so im Modus seiner Entäußerung zugehört («Philosophie der Natur»). Selbst die vergleichsweise formalen gedanklichen Grundbestimmungen, die, Hegel zufolge, die inhaltlichen Bestimmungen von Natur und Geist vorstrukturieren («Logik»), sind dem Geist in seiner weitesten Bedeutung zuzuordnen – als «Gedanken Gottes vor der Schöpfung».

Der Geist in engerer Bedeutung unterliegt beim reifen Hegel einer dreistufigen Gliederung in den individuell verfassten Geist («subjektiver Geist»), den gesellschaftlich organisierten Geist («objektiver Geist») und den gesamtgeschichtlich manifesten Geist («absoluter Geist»). Die Stufenfolge ist systematisch gedacht und gibt keinen chronologischen Entwicklungsgang wieder, sondern ein logisch-begriffliches Verhältnis von zunehmender Differenzierung und korrespondierender Integrierung unter den sich entfaltenden Bestimmungen der Wirklichkeit. Dasselbe gilt für die von Hegel zusätzlich eingezogenen, jeweils wiederum dreistufig angelegten Untergliederungen des Geistes («subjektiver Geist», «objektiver Geist» und «absoluter Geist»). Der Logik der Sache zufolge sind die in der systematischen Darstellung späteren Stufen des Geistes die Voraussetzungen seiner früheren Formen.

Bei der Ausführung der Philosophie des Geistes spezifiziert Hegel dessen gestufte Gestalten im Rückgriff auf traditionelle und zeitgenössische philosophische Positionen und Programme, die dadurch in transformierter, dialektisch revidierter Version ihre partielle Bestätigung und begrenzte Bewährung erfahren. So ist die Philosophie des subjektiven Geistes inspiriert von Aristoteles' Schrift *Über die Seele* (*De anima*) und angelegt als Abfolge von genereller Seelenkunde («Anthropologie»), spezieller Bewusstseinstheorie («Phänomenologie») und allgemeiner Denkpsychologie («Psychologie»).

Den Titel «Phänomenologie» verwendet Hegel aber auch, um die ganze Spannweite des Geistes vom individuellen Bewusstsein und Selbstbewusstsein über den Verstand und die Vernunft bis zum kollektiven Geist und schließlich bis zum Geistigen in Kunst, Religion und Philosophie zu kennzeichnen (*Phänomenologie des Geistes*). Die Behandlung des Geistes in einer umfassenden Erscheinungslehre trägt dem Umstand Rechnung, dass der implizit angelegte Geist zu seiner expliziten Entfaltung der individuellen, kollektiven und historischen Erfahrung bedarf, durch die er mittels aufsteigend angelegter Formationen des Wissens («für sich») zunehmend zu dem wird, was er der Sache nach («an sich») immer schon ist. Als historisch wirkungsmächtig erweist sich vor allem Hegels Darlegung des dialektischen Verhältnisses von Herrschaft und Knechtschaft, die ganz zu Beginn der *Phänomenologie*, bei der Erörterung des individuellen Selbstbewusstseins, entwickelt wird, aber zumeist gesellschaftsbezogen und sozialkritisch interpretiert wird (Marx).

Während die *Phänomenologie des Geistes* die mentale und die soziale Dimension des hervortretenden Geistes noch zusammen behandelt und die Manifestationen des Bewusstseins («Gestalten») unmittelbar mit geschichtlichen Formationen verbindet, trennt die spätere systematische Darstellung streng zwischen den Sphären des subjektiven, objektiven und absoluten Geistes. So verzichtet Hegel bei der Behandlung des objektiven Geistes weitgehend auf die Darlegung der geschichtlichen Entwicklung und präsentiert die Philosophie des gesellschaftlich objektivierten Geistes als rationale Rekonstruktion der (damals) gegenwärtigen gesellschaftlichen Wirklichkeit.

Dagegen ist die Abhandlung des absoluten Geistes beim reifen Hegel durchweg historisch gehalten. Sie wird entfaltet als systematische Darstellung der nach Raum und Zeit differenzierten Stufen geistiger Produktion auf den Gebieten von Kunst, Religion und Philosophie, unter explizitem Einschluss außereuropäischer Völker, Staaten und Kulturen. Dabei geht der historische, genauer: weltgeschichtliche Fokus der Philosophie des objektiven Geistes zusammen mit einer generellen Geschichtsbetrachtung, für die das zeitgenössische, nachnapoleonische Europa – politisch der Vormärz, wirtschaftlich die Frühindustrialisierung, gesellschaftlich das Besitz- und Bildungsbürgertum und künstlerisch das Biedermeier – den Höhe- und Schlusspunkt der Geschichte repräsentieren soll.

Bei allem Gegenwartsbezug ist Hegels Philosophie des objektiven Geistes, die als Umriss in der *Enzyklopädie* und als veröffentlichte ausführliche Fassung in der *Philosophie des Rechts* vorliegt, historisch informiert und systematisch orientiert. Es geht Hegel um die analytisch-rekonstruierende Darstellung der gesellschaftlichen Wirklichkeit im Horizont der neuzeitlichen rechtlichen, ökonomischen, sozialen und politischen Errungenschaften und Entwicklungen. Gegenstand der philosophischen Gesamtdarstellung des objektiven Geistes ist die deskriptive wie normative Erfassung der liberalisierten Lebensform in der fortgeschrittenen Neuzeit («moderne Freiheit»). Ihr Ziel ist die Einsicht in die im Wesentlichen vernünftige Einrichtung der Wirklichkeit in der eigenen Gegenwart. Sinn und Zweck dieser Einsicht ist die allgemeine Wertschätzung und aktive Bejahung der bestehenden rechtlich-politischen wie zivisch-sozialen Verhältnisse auch und gerade in Anbetracht der verbleibenden Unzulänglichkeiten und Unvollkommenheiten («Versöhnung»). Hegels affirmative Einstellung zur eigenen Gegenwart geschieht in doppelter polemischer Absetzung von der nostalgischen Verklärung einer angeblich besseren Vergangenheit durch die literarische Romantik und der ideologischen Fixierung auf eine bessere Zukunft durch die revolutionäre Politik.

Trotz ihres eingeschränkt erscheinenden Titels ist Hegels *Philosophie des Rechts* eine vollständige Philosophie des objektiven Geistes, die vom Recht im engeren Sinn («abstraktes Recht») über die individuelle Ethik («Moral») in die Sphären von privater Gemeinschaft («Familie») und wirtschaftlicher Kooperation und Inkorporation («bürgerliche Gesellschaft») zur rechtlich-politischen Verfassung des Gemeinwesens («Staat») reicht. Mit den beiden eröffnenden Teilen zu Recht und Moral übernimmt Hegels Philosophie des objektiven Geistes klassische Bestandstücke des traditionellen überpositiven Rechts («Naturrecht»), auf dessen Fortbestand unter veränderten Bedingungen auch der Untertitel der *Philosophie des Rechts* verweist («Naturrecht und Staatswissenschaft im Grundrisse»). Doch ist der umfangreiche abschließende Teil der Philosophie des objektiven Geistes, nach der Behandlung von abstraktem Recht und Moralität, nicht auf Staatsrecht und Staatsphilosophie («inneres Staatsrecht», «äußeres Staatsrecht») beschränkt, sondern erörtert ganz generell das Leben in der politischen Gemeinschaft aus der differenzierten Perspektive der privatbürgerlichen, zivilbürgerlichen und staatsbürgerlichen Existenz im modernen Staat.

Als konzeptuelle Klammer für die vielförmigen Gestalten des Lebens im modernen Staat wählt Hegel den Begriff der Sittlichkeit, der – in Orientierung an der antiken Auffassung vom gesellschaftlich-politischen Ethos – die impliziten wie expliziten

Standards und Normen des menschlichen Zusammenlebens umfasst. Hegels weitere Ausweisung der Sittlichkeit im Sozialen als «konkret» markiert deren Gegensatz zur einseitigen, «abstrakten» Gesetzlichkeit des Handelns nach bloßem Recht («Legalität») und reiner Moral («Moralität»). Doch versteht Hegel die sittliche Qualität des Lebens im modernen Staat nicht nach Art der für die antike Welt, speziell Athen und Rom, charakteristischen Fokussierung des Menschen auf den Staatsbürger samt weitgehender Reglementierung seiner außerstaatlichen, privaten Existenz. Vielmehr geht es Hegel in der *Philosophie des Rechts* um die funktionale Übertragung der Leistungsfähigkeit des antiken Ethos auf gegenwärtige gesellschaftlich-politische Verhältnisse («moderne Sittlichkeit»).

Modern im spezifischen Sinne der Absetzung von der gesellschaftlich reglementierten Existenz in antiken und mittelalterlichen Verhältnissen ist in Hegels Philosophie des objektiven Geistes insbesondere die Konzeption der Freiheit in ihrer doppelten Funktion als Grundlage und Voraussetzung wie als Ziel und Zweck des Lebens in politischer Gemeinschaft. Freiheit meint dabei nicht einfach die Willkürfreiheit unter Bedingungen des äußeren Rechts und auch nicht nur die Willensfreiheit beim individuellen moralischen Handeln, die Hegel durchaus vorsieht. Doch verortet er die im Gebiet des objektiven Geistes ausschlaggebende Freiheit im gesellschaftlichen Gestaltungsspielraum des Menschen, der nicht nur gesetzlich gebundenes Rechtssubjekt und moralisch verpflichtete Person ist, sondern auch gesellschaftlich verantwortlicher Mitbürger einer Zivilgesellschaft, die sich selbst regelt auf der Grundlage einer staatlich gesicherten inneren Friedensordnung.

Die moderne Zivilgesellschaft («bürgerliche Gesellschaft») steht in Hegels *Philosophie des Rechts* zwischen der Privatsphäre der Familie und der öffentlich-rechtlichen Sphäre des Staates. Die zivilbürgerliche Gesellschaft, die das Zentrum der modernen Sittlichkeit bildet, umfasst bei Hegel, der darin Einsichten und Ansichten der schottischen Aufklärungsphilosophie aufnimmt (Adam Smith, Adam Ferguson), zunächst den Bereich des marktvermittelten Austauschs von Arbeit und Ware («System der Bedürfnisse»). Bemerkenswert an Hegels Porträt des modernen Wirtschaftssystems ist der Blick für die mit dem wirtschaftlichen Fortschritt einhergehende materielle Verarmung und geistige Entmündigung der unteren Bevölkerungsschichten («Pöbel»), die allerdings Hegels Gesamteinschätzung der vernünftigen Verfassung der modernen Gesellschaft keinen Abbruch zu tun scheint.

Zusätzlich zur ökonomischen Sphäre schließt Hegel auch die Einrichtung und Einhaltung von Recht und Ordnung («Rechtspflege») und die Selbstorganisation des bürgerlichen Lebens («Korporation») in die Sphäre der Zivilgesellschaft ein, die so Züge einer eigenen und eigenständigen staatlichen Ordnung annimmt («äußerer Staat»). Politisch-soziologisch betrachtet, ist damit der Begründer und Träger von Hegels bürgerlicher Gesellschaft nicht der rein wirtschaftlich agierende Stadtbürger (*bourgeois*), sondern der zivisch verantwortliche Staatsbürger (*citoyens*).

Der durchaus liberalen Konzeption der bürgerlichen Gesellschaft als Sphäre freier individueller und kollektiver Selbstentfaltung entspricht allerdings in Hegels Geistphilosophie moderner Sittlichkeit keine vergleichbar fortschrittliche Auffassung des modernen Staates in dessen engerer, verfassungsrechtlicher und staatspolitischer Bedeutung («innerer Staat»). Hier behandelt Hegel den Bürger vielmehr als das passive Subjekt von Gesetzesgehorsam («Untertan»). Des Weiteren konzipiert er eine strenge Trennung der sozialen Wirkungssphären («Stände») und verteidigt einen erblichen Souverän («Monarchie»), während er die Ausübung der Regierung durch ernannte Experten vorsieht und die Gesetzgebung an ein Gremium von Standesvertretern delegiert. Die polemische Kritik an der Demokratie als Herrschaftsform und Regierungsart teilt Hegel dabei mit den meisten seiner älteren und jüngeren Zeitgenossen.

Insgesamt betrachtet, ergibt sich so das Bild eines politischphilosophisch gespaltenen Hegel, der persönliche und bürgerliche Freiheit fordert, politische Freiheit darüber aber vernachlässigt. Bemerkenswert ist an Hegels philosophischer Behandlung des Geistes von Staat und Gesellschaft nicht die restaurativ-konservative Staatslehre, sondern die liberal-progressive zivilbürgerliche Gesellschaftslehre, an die auch Marx anknüpfen kann, wenn auch im Modus von Kritik und Transformation. In der radikalen Rezeption wird so aus dem Abschluss der Geschichte genuinen geistigen Fortschritts («Ende») in der eigenen Gegenwart, den Hegel für Kunst, Religion, Politik und Philosophie insgesamt deklariert, ein Etappenziel auf dem langen und gefährlichen Marsch der Moderne.

5. Die Philosophie des Willens: Arthur Schopenhauer

«Der gewöhnliche Mensch, diese Fabrikware der Natur, wie sie solche täglich zu Tausenden hervorbringt, ist, wie gesagt, einer in jedem Sinn völlig uninteressierten Betrachtung, welches die eigentliche Beschaulichkeit ist, wenigstens durchaus nicht anhaltend fähig: er kann seine Aufmerksamkeit auf die Dinge nur insofern richten, als sie irgend eine, wenn auch nur sehr mittelbare Beziehung auf seinen Willen haben.»

A. Schopenhauer, *Die Welt als Wille und Vorstellung* (1818)

Arthur Schopenhauer (1788–1860), der aus dem Handel treibenden Großbürgertum stammt, holt nach einer Kaufmannslehre das Abitur nach, studiert in Göttingen (1809/10) und in Berlin (1811/12) und wird in Jena mit einer fundamentalphilosophischen Arbeit (*Über die vierfache Wurzel des Satzes vom zureichenden Grund*, 1813) promoviert. Die nächsten vier Jahre über erarbeitet und verfasst er sein philosophisches Hauptwerk (*Die Welt als Wille und Vorstellung*, 1818, 2., erweiterte Auflage 1840). Ab 1820 ist er Privatdozent in Berlin, lehrt dort aber nur ein einziges Semester, unternimmt mehrere längere Auslandsreisen und lässt sich schließlich dauerhaft als Privatgelehrter in Frankfurt am Main nieder (1833).

Das schon früh vorgelegte Hauptwerk ergänzt Schopenhauer mit weiteren spezialisierten Schriften (*Über den Willen in der Natur*, 1836; *Über die Freiheit des Willens*, 1839; *Über die Grundlage der Moral*, 1840). Seine von ihm mit den griechischen Ausdrücken dafür benannten «Nebenwerke» und «beiseitegelassenen Dinge» versammelt er in einer zweibändigen

Sammlung (*Parerga und Paralipomena*, 1851), die auch seinen populärsten Text enthält (*Aphorismen zur Lebensweisheit*). Schopenhauers veröffentlichter Nachlass umfasst, außer den umfangreichen Vorarbeiten und Ausarbeitungen zu seinen Schriften und der Berliner Vorlesungsversion seines Hauptwerks, auch eine praktische Anleitung zum erfolgreichen Streitgespräch (*Eristische Dialektik*, ca. 1830) und die Übersetzung einer Aphorismensammlung des spanischen Barockdenkers Baltasar Gracián (*Handorakel und Kunst der Weltklugheit*, 1832).

Chronologisch gesehen, gehört Schopenhauer noch ganz in den Umkreis des deutschen Idealismus: er versteht sich als der wahre Erbe Kants, hört in Berlin bei Fichte Vorlesungen und publiziert sein systematisches Hauptwerk sogar noch vor dem korrespondierenden Werk Hegels. Doch grenzt sich Schopenhauer selbst früh und vehement von Fichte, Schelling und Hegel ab, um sich als einziger authentischer Nachfolger Kants unter Scharlatanen und Stümpern zu stilisieren. Der akademische Außenseiter Schopenhauer, der nie eine Professur erlangt, bleibt denn auch zu Lebzeiten, bis kurz vor seinem Tod, gänzlich unbeachtet.

Schopenhauers weltweiter literarischer Ruhm und breite kulturelle Wirkung sind posthum und fallen wesentlich in die zweite Hälfte des 19. Jahrhunderts, in der er von Europa bis Südamerika zur Identifikations- und Inspirationsfigur für ein ökonomisch avanciertes, aber politisch noch weitgehend marginalisiertes Bürgertum wird, das die rapide Modernisierung der Lebensverhältnisse nicht nur als materiellen Fortschritt, sondern auch als spirituellen Verlust erfährt. Unter diesen Umständen kann Schopenhauers unpolitische Philosophie der ästhetischen Kontemplation und ethischen Einfühlung als Religionsersatz und kultureller Sinnspender wirken. Schopenhauers Einfluss liegt dabei vor allem außerhalb der Philosophie. Er wird zum Anreger von Literaten, Musikern und Künstlern, bevor ihm, dem selbststilisierten Außenseiter, dann ganz zu Ende des 19. Jahrhunderts ein anderer externer Extremer, Nietzsche, mit seinem schrillen Stil und draufgängerischen Denken den Rang abläuft.

Doch erweist sich Schopenhauers Philosophie als ungleich verstörender und wegweisender, wenn sie, statt im Kontext ihrer späteren Rezeption, im historischen Umfeld ihres ersten Auftretens und im systematischen Zusammenhang ihrer Entstehung gesehen wird. Während Kant und seine idealistischen Nachfolger, von Fichte über Schelling bis Hegel, die Rolle von Vernunft und Verstand in Natur und Geschichte herausarbeiten und insbesondere das Wollen und Handeln unter die Anforderungen von vernünftiger Allgemeinheit und allgemeiner Vernunft stellen, weist Schopenhauer die Grenzen der Vernunft auf und eröffnet den Blick auf eine ganze Welt, die jenseits vernünftiger Regelung liegt.

Dennoch bleibt Schopenhauers antithetisches Denken sowohl in seiner Entstehung als auch in seiner Entfaltung innig verbunden mit dem seiner idealistischen Zeitgenossen, dem er wie ein dunkler Schatten folgt, statt von ihm einfach abzuweichen. In vieler Hinsicht repräsentiert Schopenhauers Philosophie die Kehrseite des klassischen Idealismus. Aber er bringt auch Wesenszüge zusammen, die sich verstreut und versteckt bereits bei den Hauptvertretern selbst aufgeführt oder zumindest angedeutet finden. Auch ist Schopenhauer nicht der einzige, der praktisch zeitgleich mit Fichte, Schelling und Hegel die dunkle, nächtige, romantische Seite des Denkens im Anschluss an Kant herausstellt, wenn er auch langfristig der wirkungsreichste Vertreter des romantischen Kontrapunktes in der klassischen deutschen Philosophie ist.

Neben der subkutanen affektiven Zugehörigkeit zur europaweiten dunklen Romantik im Zeichen von Weltschmerz und Lebensüberdruss (Byron, Leopardi) gehört Schopenhauers philosophisches Denken über Lust und Leid in die intellektuelle Tradition der strikt auf Erfahrung basierten Philosophie oder des Empirismus und von dessen skeptischer Einschätzung der Leistungsfähigkeit bloßer, «reiner» Vernunft. Beeinflusst durch seine Studien an der damals britisch geprägten Universität Göttingen, liest Schopenhauer Kant von David Hume (1711–1776) her, für den die Grenzen der Erfahrung zugleich die Grenzen sinnvoller Behauptungen über Dinge wie Personen darstellen.

Bei allem Anspruch auf gedankliche Nachfolge und doktrinäre Abhängigkeit ist Schopenhauers Verhältnis zu Kant so auch von Kritik und Widerspruch geprägt, insbesondere in der Einschätzung der Vernunft für Zwecke des Handelns und Wollens («praktische Vernunft»).

Die empiristische Prämisse bekundet sich schon im Titel von Schopenhauers Hauptwerk, der zugleich als dessen maximal verkürzte Inhaltsangabe gelten kann: Die Welt als Wille und Vorstellung. Der Gegenstand von Schopenhauers System der Philosophie ist nicht, wie in der alten Metaphysik, das Sein, die Seele, die Welt insgesamt oder Gott, und auch nicht, wie bei Kant und seinen idealistischen Nachfolgern, die Vernunft, das Absolute oder der Geist. Alleiniger Gegenstand der Philosophie ist bei Schopenhauer die Welt, wie sie von Menschen erfahren wird, und zwar konkret und individuell – wenn auch in einer philosophischen Perspektive, die jede einzelne und auch die gesammelte Erfahrung übersteigt und die auf das Generelle und Grundsätzliche an aller solchen Erfahrung abzielt. Zu der so verstandenen Welt – der Erfahrungswelt – rechnet Schopenhauer auch die Menschen, die einander in ihr begegnen.

Die im Titel des Hauptwerks angekündigte Doppelansicht der uns vertrauten Welt («als Wille», «als Vorstellung») nimmt die von Kant her vertraute Unterscheidung der Gegenstände in Erscheinungen und Dinge an sich auf. Doch verändert Schopenhauer die kantische Unterscheidung zu einer zweifachen Sichtweise auf dieselbe Erfahrungswelt. Als Vorstellung eines erkennenden Subjekts ist die Welt Erscheinung, geformt nach den Prinzipien des Erkennens, die Schopenhauer gegenüber Kant auf Raum und Zeit sowie auf die Zentralkategorie der Kausalität reduziert. In der Welt der Vorstellung ist alles und jedes nichts als erkanntes oder erkennbares Objekt für ein erkennendes Subjekt («Subjekt des Erkennens»). Doch während Kant die hinter, unter oder vor den Erscheinungen vorauszusetzenden Dinge an sich für unerkennbar hält, schlägt Schopenhauer kurzerhand deren Identifikation mit dem Willen vor.

Doch liefert Schopenhauer keinen eigentlichen, förmlichen Beweis für seine kühne und verkürzende These, den er – darin mit Kants Einschätzung, dass die Dinge an sich unerkennbar sind, übereinstimmend – auch gar nicht für möglich hält. Stattdessen sucht er die Gleichsetzung von Ding an sich und Wille als fruchtbaren analogischen Schluss zu plausibilisieren. Ausgangspunkt von Schopenhauers Strategie ist dabei die Unterscheidung zweier grundsätzlicher Zugangsweisen des Menschen zur erfahrbaren Welt. Der eine der beiden Weltwege verläuft durch den menschlichen Verstand und erschließt die Welt im Modus von theoretischer Erkenntnis und unter den Formen von Raum, Zeit und Kausalität. Der andere Weg der Welterschließung geht, so Schopenhauer, nach innen, in die affektive Aufnahme der Welt im Medium von Gefühlen und Trieben.

Nach Schopenhauers Einschätzung erreicht die pure Erkenntnis der Welt nur deren Oberfläche und damit lediglich die äußerliche Existenz der Dinge im Verhältnis zueinander. Dagegen dringt die affektive Einstellung zur Welt, Schopenhauer zufolge, zum Kern der Dinge vor und erschließt mit den Mitteln des Fühlens und Verlangens das Wesen der Dinge und damit auch das Wesen der Welt. In Anbetracht des Umstandes, dass die alternative Erfahrung der Welt im Medium von Gefühl und im Modus von Lust und Leid erfolgt, hält es Schopenhauer für angebracht, auf die so erschlossene Welt insgesamt und als solche denjenigen Titel zu übertragen, mit dem er die Affektgeprägtheit und Triebnatur des Menschen zusammenfasst: «Wille» oder «Wollen».

Der zunächst rein psychologisch gefasste Einzelwille und der anschließend ins Kosmologische gesteigerte Weltwille («Welt als Wille») sind für Schopenhauer strukturell verwandt und funktional vergleichbar. Die beiden Willensformen manifestieren den identischen und invarianten Grundcharakter der psychischen wie der kosmischen Wirklichkeit als getrieben von Bedürfnis, nie dauerhaft zufriedenzustellen und deshalb auf immer und ewig in Verlangen befangen. In Umkehrung der traditionellen Vorstellung vom Menschen als Welt im Kleinen (Mikrokosmos) fasst Schopenhauer die Welt als den Menschen im Großen («Makranthropos»). Streng genommen ist aber die philosophische Auffassung der Welt als Wille bei Schopenhauer nur eine ausgedehnte Metapher, bei der gewisse Merkmale des Selbst auf die Welt insgesamt übertragen werden. Schopenhauer selbst plädiert für seine voluntaristische Weltdeutung mit dem Hinweis auf das Fehlen einer besseren Bezeichnung für die Welt als Bühne menschlicher Willensanstrengungen aller Art, vom blinden Trieb bis zur vernunftgeleiteten Handlungsentscheidung.

Die Voraussetzung von Schopenhauers folgenreicher Angleichung der Welt an das Wesen des Willens ist eine Auffassung des Willens im Menschen, die über dessen Beschränkung auf das vernünftige Wollen («praktische Vernunft»), wie sie sich maßgeblich bei Kant findet, radikal hinausgeht. Der Wille dient denn auch bei Schopenhauer als umfassender Begriff für affektive, emotive, passionierte wie kalkulierte Gemütsbewegungen und Wollensbestrebungen aller Art und Intensität. Im Übrigen lässt es Schopenhauer explizit offen, ob der mit dem Ding an sich nur analogisch und eher experimentell identifizierte Wille tatsächlich als ultimative Verfassung der Welt angesehen werden kann. Doch glaubt sich Schopenhauer selbst mit seiner kosmischen Konzeption des Willens im Besitz der bestmöglichen Erklärung der Welt, wie sie außerhalb der rein kognitiven Einstellung zu ihr («Welt als Vorstellung») innerlich und wesentlich erfahren wird – als durchweg von Lust und Leid geprägt.

Im Rahmen der Doppelbetrachtung der Welt als Gegenstand der Vorstellung und als Manifestation des Willens entwickelt Schopenhauer ein komplettes System der Philosophie in vier distinkten Teilen, die der Erkenntnistheorie, der Naturphilosophie, der Ästhetik und der Ethik gewidmet sind. Die Systematik von vier philosophischen Disziplinen generiert Schopenhauer, indem er die zweifache Betrachtung der Welt – als Vorstellung und als Wille – kreuzt mit der zusätzlichen Betrachtung der Welt im Hinblick auf das Universalprinzip von Begründungsbeziehungen aller Art, den Satz vom Grund. Schon Schopenhauers Dissertation (*Über die vierfache Wurzel des Satzes vom zureichenden Grund*) handelt von diesem hauptsächlich auf Leibniz zurückgehenden Prinzip, demzufolge nichts ohne Grund so ist, wie es ist – egal ob in logischen, mathematischen, naturkausalen oder willenskausalen Grund-Folge-Beziehungen. Der Satz vom Grund wird so von Schopenhauer ganz generell als Grundgesetz für das geregelte Vorkommen von einzelnen Entitäten und Ereignissen verstanden («Prinzip der Individuation»).

In der Kreuzung mit der nach Vorstellungs- und Willensperspektive gedoppelten Weltbetrachtung generiert der Satz vom Grund durch seine alternative Anwendung oder Nichtanwendung für Schopenhauer ein vierfaches Fachwerk für die Füllung durch vier korrelierte Weltsichten und die ihnen zugeordneten philosophischen Disziplinen. Die Betrachtung der Welt als Vorstellung in Abhängigkeit vom Satz vom Grund ergibt die Welt der empirisch erkennbaren Einzeldinge in Raum und Zeit («Erkenntnislehre»), während die Betrachtung der Welt als Vorstellung unabhängig vom Satz vom Grund die Welt der invarianten und überindividuellen Naturprinzipien ergibt («Naturphilosophie»). Die Betrachtung der Welt als Wille in Abhängigkeit vom Satz vom Grund ergibt dann, so Schopenhauer, die Welt der idealen Objekte («Ideen») außerhalb der bloßen Naturordnung, die Gegenstand von künstlerischer Kontemplation und Produktion sind («Ästhetik»), wohingegen die Betrachtung der Welt als Wille unabhängig vom Satz vom Grund die Welt des ziel- und zwecklosen Willens in seiner kosmischen Tragweite als Prinzip von ewigem Werden und Vergehen ergibt – eine Welt, die daraufhin in ihrer essentiellen Leidhaftigkeit durchschaut und überwunden werden kann («Ethik»).

Doch Schopenhauer lässt die vier philosophischen Weltsichten und ihre Weltwissenschaften nicht unverbunden nebeneinander bestehen. Vielmehr integriert er die Abfolge der vier Grundpositionen zu einem Stufengang der zunehmenden Einsicht in das Wesen der Welt. In Fortführung der generellen psycho-kosmischen Analogie von Menschenwille und Weltwille überträgt Schopenhauer auch die philosophische Erkenntnis der Welt auf den Willen selbst und bringt das gesamte Weltgeschehen unter eine summarische Formel, die das gesamte System symbolisch resümieren soll («der eine Gedanke»): «die Welt ist die Selbsterkenntnis des Willens». Die dem provisorisch personifizierten Willen zugeschriebene Selbsterkenntnis versteht Schopenhauer als keine bloß kognitiv-distanzierte Angelegenheit. Der durch das Weltgeschehen über das eigene Wesen aufgeklärte Weltwille wendet sich schließlich, so Schopenhauers pointierte Dramatisierung, in Reaktion auf seine Selbsterkenntnis durch einen paradoxen extremen Akt der Selbstverneinung von sich selbst ab.

Die reelle Grundlage für die fiktive, analogisch angenommene Selbstverneinung des kosmischen Willens liefert Schopenhauer in seiner Ethik im abschließenden Teil des Systems sowie in späteren Einzelschriften zur Freiheit des Willens und zur Grundlage der Moral. Nach Schopenhauers Einschätzung ist der Wille auch in intelligenzbegabten Wesen unseresgleichen vorwiegend unbewusst und triebhaft aktiv. Durch philosophische Reflexion oder künstlerische Darstellung kann der Verstand aber zu der Einsicht gelangen, dass hinter aller individuellen Existenz von Menschen und Dingen in Raum und Zeit der ungeteilte, umfassende Wille steht, der unter dem Prinzip der Individuation («Satz vom Grund») in unendlich vielen Gestalten als willensregierte Welt erscheint. Gemeinsam ist allen diesen vom kosmischen Willen geprägten und von Naturgesetzen regierten Dingen und Wesen, so Schopenhauers pessimistisches Porträt, die ewige Existenzform der Konkurrenz und des Konflikts miteinander.

Unter Schopenhauers Blick strebt alle einzelne Existenz nach der Aufrechterhaltung ihrer selbst («Wille zum Leben»), die unvermeidbar mit der Beeinträchtigung anderer einhergeht («Leiden»). So sieht Schopenhauer im Leben als solchem nichts als Leiden, das sich auf allen Ebenen und in vielen Formen manifestiert – von der physischen Ebene von Aktion und Reaktion bis zur seelischen Dimension von Schmerz und Qual. Für Schopenhauer ist das Leidenswesen der Welt aber nicht nur Gegenstand von Reflexion und Einsicht. Es eröffnet vielmehr und vor allem eine zusätzliche Perspektive auf die Welt als Wille, die moralischer Art ist und die ihn das vom Willen regierte Weltgeschehen unter dem Blickwinkel der antiken Tragödie und des modernen Trauerspiels sehen lässt.

In Schopenhauers tragischer Sicht auf das Wesen der Welt ist das Leiden der Individuen deren Preis oder Strafe für die Urschuld des Eintritts in die Existenzform der Einzelwesen, die für einander ebenso Täter wie Opfer sind («ewige Gerechtigkeit»). Schopenhauer zufolge beinhaltet alles Tun Leiden. Umgekehrt ist deshalb aber auch niemand bloß Täter, sondern immer – in anderer Hinsicht – Opfer anderer Täter. Doch nicht nur die Unterscheidung von Tuendem und Leidendem, von Täter und Opfer wird für Schopenhauer letztlich hinfällig. Ganz generell ist die Individuierung als solche ein Schein («Illusion»), der verdeckt, dass alles und jedes Manifestation des Willens ist, der seinerseits nicht dem Prinzip von Individualität unterliegt. So ist für Schopenhauer nicht erst die Unterscheidung individueller Funktionen (Tuende gegenüber Leidenden), sondern schon die Unterscheidung voneinander verschiedener Individuen Täuschung, mittels derer der Wille – in Schopenhauers fiktiver, analogischer Darstellung – die Individuen wie in einem Schauspiel, das er vor sich selbst aufführt («auf eigene Kosten»), gegeneinander agieren lässt.

Die ethische Konsequenz, die Schopenhauer aus der Einsicht in die Leidensverstricktheit aller Existenz und den illusionären Charakter individueller Existenz zieht, besteht in der praktischen Aufhebung der Unterscheidung von Selbst und Anderem. Wer einmal das Prinzip von Individualität durchschaut hat, so Schopenhauer, sieht im Anderen sich selbst und identifiziert sich auch affektiv mit dem Anderen und dessen Leiden («Mitleid»). Mehr noch: Wer zu solcher ethischen Einsicht gelangt, unterscheidet im eigenen Handeln nicht mehr zwischen sich und allen anderen. Zum historischen Beleg für seine Ethik des Mitleids führt Schopenhauer die alte indische Weisheitslehre an, die das Verhältnis zum Anderen in die Formel fasst «das bist du» («tat twam asi»).

In einem abschließenden Schritt überbietet Schopenhauer dann noch seine Ethik des Mitleids, die alles eigensinnige und selbstische Handeln zugunsten der radikalen Rücksicht auf andere ausschließt oder den Altruismus vertritt, durch eine Ethik der Entsagung («Resignation»), die an die Stelle des Handelns, einschließlich des altruistischen Handelns, das Nichthandeln setzt und die jegliche ethische Praxis in Apraxie unter der

Gestalt von Askese und Kasteiung («Mortifikation») münden lässt. Wie schon seine generelle Mitleidsethik, so versteht Schopenhauer auch seine Ethik der Handlungsenthaltung nicht als sittliche Verpflichtung («Pflicht»), sondern als Lebensweise, die vom einzelnen Menschen freiwillig in Reaktion auf die tragische Erkenntnis vom Willenswesen der Welt gewählt wird. Speziell die asketische Lebensweise sieht Schopenhauer dabei nur in einigen wenigen Menschen verwirklicht («Heilige»).

Die Freiheit in ethischer Hinsicht bleibt bei Schopenhauer nicht auf die Wahl und Übernahme einer genuin ethischen Einstellung beschränkt. Sowohl das Handeln aus Mitleid als auch das Nichthandeln durch Askese beinhalten für Schopenhauer eine Form der Befreiung. Im ethischen Handeln wie im ethischen Verzicht auf jegliches Handeln befreit sich der Mensch, Schopenhauer zufolge, vom Willen und dessen rigorosem Regiment («Tyrannei») unter dem Prinzip von Individuation. Die praktische Aufhebung der Schranken zwischen scheinbar verschiedenen Individuen kommt für Schopenhauer einer Aufhebung der Individuation und einer Verneinung des Willens selbst gleich, auch wenn die Ressourcen für den ultimativen Akt der Willensverneinung in einer komplett vom Willen regierten Welt, damit aber auch das Wesen und Wirken der Freiheit, für Schopenhauer unerforschlich bleiben («Mysterium»).

6. Die Philosophie der Existenz: Søren Kierkegaard

«Es ist ganz wahr, was die Philosophie sagt, dass das Leben rückwärts verstanden werden muss. Aber darüber vergisst man den anderen Satz, dass vorwärts gelebt werden muss.»

S. Kierkegaard, *Die Tagebücher* (1834–1855)

Søren Kierkegaard (1813–1855), der aus einer wohlhabenden Kopenhagener Familie stammt, studiert protestantische Theologie an der Universität Kopenhagen (1830–1841) und geht dann zu weiteren philosophischen Studien nach Berlin, wo er die späten Vorlesungen Schellings besucht (1841/42). Seine Kopenhagener Dissertation handelt vom Begriff der Ironie bei Sokrates. Die anschließenden, dicht gedrängt erscheinenden Buchveröffentlichungen, die von engagierter Opposition gegen die etablierte Religion und Philosophie geprägt sind, verwenden phantastische Pseudonyme, experimentieren mit Formen und Stilen der literarischen Produktion und vermischen gezielt philosophische Argumentation und religiöses Pathos (*Entweder – Oder*, 1843; *Furcht und Zittern*, 1843; *Die Wiederholung*, 1843; *Philosophische Brocken*, 1844; *Der Begriff der Angst*, 1844; *Stadien auf dem Lebensweg*, 1845; *Abschließende unwissenschaftliche Nachschrift*, 1846; *Die Krankheit zum Tode*, 1849; *Einübung in das Christentum*, 1850).

Daneben entstehen einfache, religiös geprägte Texte im Stil von kirchlichen Predigten (*Erbauliche Reden; Christliche Reden*, 1847/48), die Kierkegaards fortgesetztes Ringen mit der christlichen Religion dokumentieren. Kierkegaard, der früh ein größeres Vermögen von seinem Vater erbt, verbringt fast sein gesamtes Leben in Kopenhagen, wo er eine stadtbekannte Figur ist, aber auch Gegenstand von Anfeindung und Verhöhnung, auf die er seinerseits mit publizistischer Polemik reagiert. Zum biographischen Hintergrund seines schriftstellerischen Werkes gehört auch die von ihm einseitig vorgenommene Auflösung eines frühen Verlobungsverhältnisses. Seine letzten Lebensjahre sind durch extreme Entfremdung von der dänischen Staatskirche geprägt.

Mit Kierkegaard tritt eine jüngere Generation auf den Plan, die im unmittelbaren Anschluss an die Philosophie des deutschen Idealismus, aber auch in kritischer Absetzung von ihr den weiteren Verlauf des europäischen Denkens in der ersten Hälfte des 19. Jahrhunderts prägt. Gegenstand der Kritik der Jüngeren ist in erster Linie das reife Werk Hegels, das als Höhepunkt und Abschluss der Philosophie des deutschen Idealismus wahrgenommen wird (Feuerbach, Marx). Doch beziehen die Philosophen der jüngeren Generation ihre Inspiration auch von Fichte (Marx) und Schelling (Kierkegaard).

Man hat den Schritt vom reifen Hegel und späten Schelling zu den jungen Wilden als «revolutionären Bruch» (Löwith) in der Philosophie des 19. Jahrhunderts beschrieben. Die Zweiteilung in eine mit Hegel kulminierende und eine auf Hegel folgende Phase gibt zwar den radikal veränderten Charakter des Denkens ab dem zweiten Drittel des Jahrhunderts wieder. Doch verdeckt sie das Ausmaß an Kontinuität im Denken des 19. Jahrhunderts. Vor allem aber verkennt sie die Vorbereitung und Anbahnung der späteren radikalen Entwicklungen in der frühen Phase.

Revolutionär ist nämlich nicht erst das spätere Denken von Kierkegaard bis Nietzsche, sondern schon das frühere Denken von Kant bis Hegel. Es ist das gesamte lange 19. Jahrhundert, von Kant bis Nietzsche, das im Zeichen revolutionärer Veränderung steht und selber revolutionäre Züge trägt. Das gilt zunächst vom Einfluss der Französischen Revolution auf Kant und den deutschen Idealismus. Es gilt sodann von den Denkern im Vorfeld des europäischen Revolutionsjahres 1848/49. Es gilt schließlich von den philosophischen Stimmen, die in der Mitte des Jahrhunderts die revolutionären Veränderungen der gesellschaftlichen Wirklichkeit beschreiben und bewerten.

Die neuen Themen, Thesen und Theorien, die ab dem zweiten Drittel des Jahrhunderts zur Entfaltung kommen, sind angelegt und angeregt durch die revolutionären Errungenschaften Kants und des deutschen Idealismus. Kierkegaards Fokus auf der individuellen Existenz nimmt Überlegungen Fichtes zur konkreten Anwendung sittlicher Standards sowie Gedanken Fichtes und Schellings zur Unergründlichkeit von Leben und Sein («Unvordenklichkeit des Seins») auf. Schopenhauers Kernkonzept des von der Vernunft entkoppelten Willens ist vorgeprägt in Überlegungen Fichtes und Schellings zur irrationalen Dimension des Wollens. Feuerbachs Fokus auf den Sinnen und der Sinnlichkeit basiert auf Fichtes Einführung des Leibes als eigenem Gegenstand philosophischer Untersuchung. Marx' Blick für die soziale und ökonomische Grundlage menschlichen Lebens ist von Hegels Analyse der bürgerlichen Gesellschaft geprägt.

Was die neue Denkergeneration von ihren Vorgängern und Vordenkern unterscheidet, sind eher der Modus und der Stil des Philosophierens. An die Stelle der enzyklopädischen Ambition, die bei Kant und den deutschen Idealisten – und auch noch bei Schopenhauer – das systematische Denken prägt und trägt, tritt nun eine gewisse Einseitigkeit und Intensität in der Ausrichtung und Ausführung, was Gesichtspunkte und Schwerpunkte angeht, die häufig auf Kosten von Breite und Balance im Denken geht. Doch gewinnt das jüngere Denken dadurch auch an innerem Drama und äußerem Flair. Stilistisch geht die gedankliche Umorientierung der jüngeren Generation einher mit der Literarisierung der Philosophie, deren Sprache vom akademischen und universitären Diskurs ins Populäre und Polemische übergeht und dabei durchweg hohe literarische Qualität erwirbt.

Speziell bei Kierkegaard kommt hinzu, dass er – praktisch als einziger in der nachidealistischen Philosophie des 19. Jahrhunderts – ein religiös geprägtes philosophisches Denken oder vielmehr: ein philosophisch geprägtes religiöses Denken vertritt. Die anderen Denker der jüngeren Generation sind dagegen entweder bekennende Atheisten (Schopenhauer, Marx) oder Verfechter eines radikal veränderten Verständnisses von Religion

(Feuerbach). Doch teilt Kierkegaard mit seinen Generationsgenossen die kritische Einschätzung der etablierten Religion und der theologischen Tradition.

Der zutiefst religiöse Charakter von Kierkegaards Denken manifestiert sich nicht einfach in gläubiger Zuversicht und standfestem Bekenntnis. Kierkegaards Denken ist geprägt vom Ringen um religiöse Gewissheit und von der Auseinandersetzung mit Zweifeln und Skrupeln. Zwar ist Kierkegaards religiöse Ausrichtung christlich geprägt und insbesondere dem Luthertum in seiner verinnerlichten, pietistischen Form verpflichtet. Doch erachtet er die institutionellen Strukturen der christlichen Religion für untauglich zur Vermittlung eines authentischen Glaubens. In dieser Situation fühlt sich Kierkegaard für die Begründung und Festigung seines Glaubens auf sich selbst zurückgeworfen. Gegenstand seines Denkens ist so durchgängig die eigene religiöse Existenz, und dies in der Absicht, dem modernen Individuum exemplarisch die Ressourcen für eine zutiefst religiöse Existenz näherzubringen.

Die philosophische Herleitung authentischer Existenz inszeniert Kierkegaard als dramatische Abfolge von konzeptueller Vermittlung, die in Aufnahme von Hegels philosophischem Verfahren erfolgt, und unvermitteltem Rekurs auf nicht weiter herleitbare Instanzen, die in kritischer Absetzung von Hegel herangezogen werden. Dadurch kann Kierkegaard sowohl die Möglichkeiten als auch Grenzen des Hegelschen Denkens aufzeigen. Für Kierkegaard ist das dialektische Denken unzulänglich, wenn es um die Belange des konkreten Lebens geht, die nicht durch das distanzierte Denken, sondern nur durch das unmittelbare Leben selbst gelöst werden können.

Kierkegaards Verabschiedung des dialektischen Denkens zeigt sich am deutlichsten in der Einschätzung des religiösen Lebens. Gegen Hegels Zuweisung der Religion an das philosophische Wissen behauptet Kierkegaard die strikte Trennung von Wissen und Glauben und die Transzendenz Gottes gegenüber allem endlichen Denken und Handeln. Für Kierkegaard ist ein genuines Verhältnis zu Gott, jenseits rationaler Argumentation in der Tradition der Gottesbeweise, nur zu erlangen durch einen irrationalen Akt der religiösen Selbstbekehrung («Sprung»). Auch handelt es sich bei dem religiösen Grundakt, für den jeder einzelne Mensch an sich selber verwiesen ist, Kierkegaard zufolge nicht um eine singuläre Tat, die ein für alle Mal getan werden kann. Vielmehr bedarf es für ein echt religiöses Leben der gezielten Übung und sorgfältigen «Wiederholung».

Die Entstehung des wahren religiösen Bewusstseins geht für Kierkegaard einher mit dem Zustandekommen eines genuinen Selbst, das jenseits der vorgefertigten Lebensweisen des modernen Menschen liegt. Im Einzelnen unterscheidet Kierkegaard drei Stadien der Entwicklung des Selbst, die aufeinander folgen sollen, aber keiner zwingenden Logik ihres Eintretens unterliegen. Es sind dies das ästhetische, das ethische und das religiöse Stadium. In einer für Kierkegaards literarischen Stil charakteristischen Art werden die drei Stadien von ihm figurativ ausgestaltet.

Im Anfangsstadium steht der Mensch, so Kierkegaard, in einem ganz durch die Sinne bestimmten Verhältnis zur Welt und zu seinesgleichen. In dem von Kierkegaard imaginierten optimalen Zustand des Menschen auf dieser Entwicklungsstufe wird die Welt rein ästhetisch aufgefasst und behandelt – als Spielball von Gefühlen und Gelüsten. Nicht ohne Faszination porträtiert Kierkegaard diesen Existenztypus in der literarischen Figur von Don Juan und illustriert ihn durch ein zynisches Seduktionsszenario («Tagebuch des Verführers»). Das Selbst im ersten Stadium ist so bloß subjektiv orientiert, egoistisch motiviert und rein ästhetisch geprägt.

Im anschließenden Stadium wird die ästhetische Einstellung in ein ethisches Verhältnis zur Welt und den Mitmenschen aufgehoben. Die Gestaltung des Denkens und Handelns ist nunmehr am anderen ausgerichtet und insofern objektiv und sozial. Der von Kierkegaard beschriebene ethische Standpunkt stimmt im Wesentlichen überein mit der modernen Moralphilosophie des uninteressierten Handelns aus Gemeinsinn oder Vernunft. Doch hält Kierkegaard das ethische Selbst gerade wegen der reklamierten Universalität und Notwendigkeit seiner Normen für unzulänglich, wenn es um die konkrete individuelle Existenz geht.

Für Kierkegaard ist das Selbst erst dann hinreichend formiert, wenn das ethische in das religiöse Stadium überführt wird. Auch den religiösen Standpunkt illustriert Kierkegaard in imaginärer Form. Die biblische Geschichte von Abrahams Bereitschaft, den eigenen Sohn auf Gottes Geheiß zu opfern, illustriert für Kierkegaard die Suspension («Aufhebung») des Ethisch-Allgemeinen durch das Religiös-Extraordinäre. Der göttliche Tötungsbefehl ersetzt den generellen Gehorsam gegenüber den sittlichen Gesetzen durch den außerordentlichen, absurden Gehorsam gegenüber einem der Vernunft entzogenen Gott, der durch Wunder und Gnade wirkt.

Der Gott des religiösen Selbst ist deshalb auch nicht der «Gott der Philosophen» (Pascal), sondern der Gott eines konkret gelebten Glaubens, den Kierkegaard mit dem authentischen christlichen Glauben («Christentum») identifiziert und scharf unterscheidet vom institutionalisierten Christentum der Amtskirche («Christenheit»). Die von Kierkegaard intellektuell entwickelte und dann auch intensiv gepredigte Religiosität verzichtet auf einen von den Laien verschiedenen Klerus und fixe kirchliche Lehren. Im Mittelpunkt stehen stattdessen individuelle Frömmigkeit und persönliche Gläubigkeit.

Doch bleibt das religiöse Bewusstsein bei Kierkegaard, trotz seiner Verankerung in der eigenen Existenz, auf eine Transzendenz verwiesen («Gott»), die den Menschen über sich hinaus weist. Die Beziehung der endlichen Existenz zum Ewigen ist dabei geprägt von Versagen («Schuld») auf der einen Seite und von Vergebung («Erlösung») auf der anderen Seite. Von besonderer Bedeutung für die Verbindung des Menschen zum personal Absoluten ist die Mittlerfigur des Gottmenschen («Christus»), zu dem der Gläubige, Kierkegaard zufolge, in ein persönliches Verhältnis hochgradiger Identifikation treten soll. Das individuelle Leben sieht Kierkegaard in der alternativen Perspektive auf ewige Erlösung oder ewige Verdammnis und dadurch geprägt von einer dauernden unspezifischen Furchtstimmung («Angst») und von tiefer innerer Unsicherheit («Verzweiflung»).

Kierkegaards extreme Auffassung menschlicher Existenz

bleibt in seiner eigenen Zeit und auch in der zweiten Hälfte des 19. Jahrhunderts ohne Wirkung und Folgen. Ähnliche Ansätze zu einer Pathologie der modernen Gesellschaft, verbunden mit einer zutiefst religiösen Heilslehre, sind damals eher in Literatur, Kunst und Musik zu finden, insbesondere in den Romanen von Dostojewski (1821–1881), die ebenfalls die Sinnkrise des modernen Individuums und die erlösende Rolle der Religion zum Gegenstand haben. Auf die philosophische Entwicklung wirkt Kierkegaard erst im frühen 20. Jahrhundert ein, als die menschliche Existenz in ihrer Gefährdung wie in ihren Potenzialen in den Blickpunkt kontinentaleuropäischer Denker rückt (Existentialismus, existenziale Phänomenologie, philosophische Anthropologie), allerdings zumeist ohne die bei Kierkegaard vorherrschende religiöse Dimension.

7. Die Philosophie des Menschen: Ludwig Feuerbach

«Die Philosophie ist die Erkenntnis dessen, *was ist.* Die Dinge und Wesen so zu denken, so zu erkennen, *wie sie sind* – dies ist das höchste Gesetz, die höchste Aufgabe der Philosophie.»

L. Feuerbach, *Vorläufige Thesen zur Reformation der Philosophie* (1843)

Ludwig Feuerbach (1804–1872), der einer berühmten in Bayern wirkenden Gelehrten- und Künstlerfamilie entstammt, studiert zunächst in Heidelberg protestantische Theologie (1823) und dann in Berlin, bei Hegel, Philosophie (1824–1826), bevor er nach weiteren Studien in Erlangen (1826–1828) dort mit einer auf Lateinisch verfassten Dissertation promoviert wird (1828). Ab 1835 ist er Privatdozent in Erlangen. Die Aussicht auf eine Professur zerschlägt sich schon früh wegen seiner journalistischen und publizistischen Tätigkeit im Rahmen der radikalen Kritik an Staat, Religion und Gesellschaft (*Gedanken über Tod und Unsterblichkeit*, 1830, ursprünglich anonym). Nach Studien zur Philosophie der frühen Neuzeit (*Geschichte der neuern Philosophie von Baco von Verulam bis Benedikt Spinoza*, 1833) und zu einem Hauptrepräsentanten der radikalen französischen Aufklärung (*Pierre Bayle*, 1839) erscheint sein religionskritisches Hauptwerk (*Das Wesen des Christentums*, 1841), das er später durch populäre Darstellungen ergänzt (*Das Wesen der Religion*, 1846; *Vorlesungen über das Wesen der Religion*, 1851). Es folgen programmatische Schriften zur Kritik der bisherigen, durch Hegel geprägten traditionellen Philosophie und zur Anbahnung einer neuen Philosophie (*Vorläufige Thesen zur Reformation der*

Philosophie, 1843; *Grundsätze der Philosophie der Zukunft*, 1843).

Während Feuerbach bis zur Jahrhundertmitte stark auf radikale Künstler und Schriftsteller wie Richard Wagner und Gottfried Keller, aber auch auf den jungen Marx wirkt, verblasst seine Reputation und erlöscht seine Wirkung in den letzten beiden Jahrzehnten seines Lebens. Ab 1860 ist Feuerbach praktisch mittellos und auf Spenden von Freunden und Gesinnungsgenossen angewiesen. Feuerbachs späte Arbeiten zum Ursprung des Götter- und Gottesglaubens (*Theogonie nach den Quellen des klassischen, hebräischen und christlichen Altertums*, 1857) und zum Verhältnis von Geist und Materie (*Über Spiritualismus und Materialismus*, 1866) bleiben unbeachtet, seine letzten literarischen Vorhaben zu Fragen der praktischen Philosophie (ab 1863), darunter auch zur Willensfreiheit, kann er nicht mehr zu Ende führen.

Feuerbachs bleibende Bedeutung im philosophischen Parcours des 19. Jahrhunderts beruht auf seiner systematischen Stellung zwischen Hegel, an den er mit konstruktiver Kritik anschließt, und Marx, den er in dessen Frühphase wesentlich prägt. Feuerbachs eigenständige philosophische Leistung gegenüber Hegel wie Marx besteht in der Einführung der Anthropologie als Grundform des nachidealistischen Philosophierens. Im Zentrum der anthropologischen Wende, die Feuerbach initiiert, steht die Religion, die bei ihm ebenso Ziel von destruktiver Kritik wie Gegenstand von konstruktiver Umbildung ist. Darüber hinaus leistet Feuerbach einen entscheidenden Beitrag in der Entwicklung des Materialismus als realistischer Alternative zum Idealismus, der von Kant bis Hegel die klassische deutsche Philosophie prägt.

Feuerbachs Fokus auf Religion steht im Kontext der öffentlichen Debatten um das Erbe der Hegelschen Philosophie in der Zeit des Vormärz, den gut anderthalb Jahrzehnten zwischen Hegels Tod und den bürgerlichen Revolutionen im Europa des Doppeljahres 1848/49. Praktisch zeitgleich mit der modernen Ausbildung politischer Parteien als Sammelbecken Gleichgesinnter und als Träger und Gestalter von Tagespolitik differenziert sich auch das philosophische Spektrum der Hegelschüler nach rechts und links. Die Hegelsche Rechte führt Hegels Philosophie fort im Kontext des politischen und kulturellen Konservativismus und betont die staatstragende Funktion von Hegels Philosophie des objektiven Geistes und die traditionalistische Ausrichtung seiner Philosophie der Religion. Dagegen sind die Vertreter der Hegelschen Linken (Junghegelianer), zumeist Journalisten und Schriftsteller, progressiv ausgerichtet und ziehen Hegels Rechts- und Religionsphilosophie für den Entwurf einer alternativen politischen und gesellschaftlichen Ordnung heran.

Beide Lager instrumentalisieren Hegels Denken für ihre eigenen philosophischen wie politischen Zwecke. Hegels Rechtsphilosophie, die Sozialphilosophie ebenso wie Staatsphilosophie umfasst, kann nicht einfach dem konservativen Spektrum zugerechnet werden und erst recht nicht der politischen Reaktion im Anschluss an die Restauration der vorrevolutionären europäischen Ordnung durch den Wiener Kongress. Doch genauso wenig ist Hegels Philosophie des Rechts ein politisch radikales Werk, das bestehende Verhältnisse kritisiert und attackiert. Vielmehr nimmt Hegel politisch-philosophisch eine moderat-liberale Position ein, die einen spezifischen Fokus auf Freiheit im Grundsätzlichen («moderne Freiheit») mit einer konservativen Linie im Hinblick auf gesellschaftlich-politische Institutionen und Autoritäten verbindet.

Auch in der Frage der Religion ist Hegel weder der rechten Rezeption noch der linken Transformation zuzurechnen. Seine philosophische Rekonstruktion des Protestantismus als spezifisch moderner Religion für mündige Bürger unterscheidet er scharf vom traditionsorientierten Katholizismus wie von der unkritischen Innerlichkeit des Pietismus, der während seiner letzten Lebensjahre gerade in Preußen noch einmal großen gesellschaftlichen und politischen Einfluss gewinnt. Offenbleiben muss allerdings, welche Rolle die massiven Zensurbedingungen (Karlsbader Beschlüsse) bei der öffentlichen Präsentation seiner Rechts- und Religionsphilosophie spielen und welche fortschrittlichere Form Hegel selbst seiner Philosophie unter anderen äußerlichen Bedingungen gegeben haben könnte. Dagegen ist bei den Junghegelianern, allen voran bei Feuerbach, kein Zweifel möglich an der Radikalität ihrer philosophischen Positionen, die sie unerschrocken äußern, auch wenn sie das um die Aussicht bringt, akademisch zu reüssieren und universitär zu wirken.

Wenn die Philosophie der Religion bei Feuerbach im Zentrum der kritischen Auseinandersetzung mit Hegel steht, handelt es sich dabei also um kein Seiten- oder Nebenthema der Philosophie Hegels und ihrer unmittelbaren Rezeption. Als Philosophie, die das Absolute qua Geist zu ihrem eigentlichen Gegenstand hat und die dessen Entwicklung im absoluten Geist, zu dem neben der Kunst und der Philosophie auch die Religion gehört, kulminieren lässt, ist Hegels System wesentlich mit Religion befasst. Doch integriert Hegel durchweg die Religion in eine Gestaltenfolge des Geistes, die über das religiöse Bewusstsein und das religiöse Wissen hinausreicht. Insbesondere markiert Hegel den Erkenntnisstatus der Religion durch dessen Kennzeichnung als «Vorstellung». Der Terminus bezeichnet die für das religiöse Bewusstsein und sein Wissen charakteristische Trennung zwischen dem religiös Gläubigen und dem religiösen Gegenstand (Götter, Gott), der insofern dem religiösen Vorstellen äußerlich ist – und dies auch da, wo der religiöse Glaube besonders innig oder innerlich ausfällt. Von dem im Gegensatz von Vorstellung und Gegenstand befangenen religiösen Bewusstsein unterscheidet Hegel zum einen die unmittelbar-intuitive Bewusstseinsform der Kunst («Anschauung») und zum anderen den konzeptuell vermittelten Erkenntnismodus der Philosophie («Begriff»).

An Hegels Einschätzung der Religion als absoluter Wissensform unter der Gestalt von abstrakter Vorstellung knüpft Feuerbach an, wenn er die Religion als in Vergegenständlichung und Verdinglichung befangen darstellt. Feuerbach zufolge ist die Religion wesentlich («Wesen der Religion»), wenn auch verdeckterweise («Geheimnis») Projektion: Das Bewusstsein sieht sich einem Gegenstand gegenüber, der ihm fremd und als etwas Anderes vorkommt, der aber ursprünglich aus ihm selbst stammt. Im religiösen Bewusstsein betrifft die Projektion, so

Feuerbach, die Gegenüberstellung eines göttlichen Wesens, das aber eigentlich dem religiösen Bewusstsein selbst entstammt.

Im Anschluss an Hegel, der das religiöse Bewusstsein in der dynamischen Stufenfolge des absoluten Geistes lokalisiert, dynamisiert Feuerbach das religiöse Bewusstsein selbst zu einem Prozess der Gottwerdung. Doch bleibt dieser Vorgang im Horizont des religiösen Bewusstseins undurchschaut und führt so zur falschen Vorstellung von der absoluten Gegenständlichkeit Gottes. Für Feuerbach beinhaltet die Religion ihrem Wesen nach einen Vorgang der unbewussten Entäußerung («vergegenständlicht»), durch den ein Eigenes zu einem Fremden wird – oder jedenfalls so wahrgenommen wird. Charakteristisch für das religiöse Bewusstsein ist damit die Übertragung spezifisch menschlicher Wesenszüge und Eigenschaften auf ein dadurch allererst zustande gebrachtes übermenschliches, göttliches Wesen («Anthropomorphismus»).

Doch Feuerbach beschränkt sich nicht darauf, das religiöse Bewusstsein in seinem unbemerkten Entstehungsvorgang bloß zu beschreiben. Er verknüpft vielmehr die genetische Deskription des religiösen Bewusstseins mit dessen grundsätzlicher Kritik. Anders als in Hegels Darstellung der Genese des Geistes («Phänomenologie»), in der Entwicklung Fortschritt darstellt, beinhaltet die Entstehung des religiösen Bewusstseins für Feuerbach einen Verlust, und zwar einen immensen Verlust mit weitreichenden Konsequenzen. Nach Feuerbachs Einschätzung trennt das religiöse Bewusstsein wesentliche Eigenschaften vom Menschen ab, um sie in ein außermenschliches Wesen zu investieren. Auf diese Weise verarmt und verkümmert der Mensch in dem Ausmaß, in dem sein eigentlich eigenes Wesen zum göttlichen Wesen entäußert und vergegenständlicht wird.

Seine genetische Religionskritik verbindet Feuerbach sodann mit dem philosophisch-pädagogischen Programm der Umkehrung der zuvor verkehrten Verhältnisse und damit der Rückkehr zum menschlichen Ursprung von Religion und Göttern. Die heimliche Identität des menschlichen und des göttlichen Wesens («Einheit») soll so nicht nur für das philosophische Denken, sondern für das allgemeine menschliche Bewusstsein restituiert werden. Der anfänglichen Anthropomorphisierung in der Bildung des religiösen Wesens aus menschlichen Materialien entspricht damit eine finale Humanisierung des Göttlichen. Es geht Feuerbach allerdings nicht darum, den Menschen in Gott zu verwandeln. Vielmehr soll durch die Aufhebung der scheinbaren Eigenexistenz des göttlichen Wesens der Mensch in seiner ursprünglichen Ganzheit als der «neue Mensch» wiedererstehen.

In Feuerbachs religionskritischer Programmatik tritt an die Stelle des religiösen Glaubens an die Götter und den Gott wieder der Mensch selbst; aus Theologie soll Anthropologie werden. Dabei denkt Feuerbach allerdings weniger an den einzelnen Menschen und dessen zufällige Umstände, Fähigkeiten und Errungenschaften. Gegenstand von Feuerbachs affirmativer Anthropologie ist der Mensch in kollektiver Betrachtung («Gattungswesen») und damit eher ein generisches Potenzial für Verbesserung und Vervollkommnung als eine aktuelle Leistung. Mit ihrer Orientierung auf das Wesen des Menschen und der Sorge um dessen angemessene Verwirklichung steht Feuerbach in der Tradition eines modernen Menschenbildes, das dem Menschen eine eigene Würde und die essentielle Aufgabe der Selbstvervollkommnung zuspricht.

In dieser Perspektive nimmt auch der von Feuerbach gegen den Idealismus Hegels vertretene Materialismus anthropologische und humanistische Züge an. Es geht Feuerbach nicht um die komplette Reduktion von Geist auf Materie, sondern um die Herausarbeitung der materiellen Dimension menschlicher Existenz im Allgemeinen und geistiger Leistungen im Besonderen. So gesehen ist der primäre Gegensatz von Feuerbachs anthropologischem Materialismus – oder vielmehr seiner materialistischen Anthropologie – nicht der nachkantische Idealismus, der selbst schon die anthropologische Dimension des Geistes systematisch berücksichtigt, sondern ein exzessiver Anti-Materialismus («Spiritualismus»).

Die kritische Genealogie des Wesens der Religion ergänzt Feuerbach noch um eine analoge Auseinandersetzung mit der zeitgenössischen Philosophie des Absoluten («spekulative Philosophie»), insbesondere dem System Hegels. Auch hier verfährt Feuerbach so, dass er die Übertragung menschlicher Merkmale und Eigenschaften auf ein vom Menschen verschiedenes Wesen bloßlegt. Doch ist in diesem Fall das vergegenständlichte Wesen keine personale göttliche Entität, sondern das allgemeine Absolute. Zwar muss Feuerbach konzedieren, dass schon bei Hegel das absolute Wesen als Geist und näherhin als Wissen («absolutes Wissen») gedacht wird und insofern dem begrifflichen Denken («Spekulation») nicht äußerlich bleibt. Doch moniert Feuerbach bei Hegel die Trennung des Geistes in dessen endliches und unendliches Wesen und die damit verbundene Herabsetzung des menschlichen, endlichen Denkens gegenüber dem davon verschiedenen Geist selbst und als solchem.

Im Gegenzug zu der bei Hegel diagnostizierten Unterschätzung des endlich-begrenzten Denkens will Feuerbach dem menschlichen Denken die eigene, obgleich verborgene Endlichkeit zurückgewinnen. Zu diesem Zweck ersetzt Feuerbach die seiner Einschätzung nach falsche Fokussierung auf den Geist, das Absolute und das Denken durch die Zentrierung um die menschlich-endlichen Instanzen von Materie, Leib und Sinnen. Nicht nur soll der Mensch als sinnliches Wesen hervortreten – als Wesen, das leiblich verfasst und leidenschaftlich bestimmt ist. Das sinnliche Wesen des Menschen soll sich auch als dessen Kern und Zentrum erweisen. Für Feuerbach ist der Mensch der konkrete einzelne Mensch, dessen Geist und Leib («Verstand», «Herz») innig verwoben sind, oder es doch sein sollen.

Bei der programmatischen Beschreibung der von ihm propagierten anthropologischen Wende in der Philosophie gilt Feuerbachs besondere Aufmerksamkeit den zwischenmenschlichen Beziehungen. An die Stelle der bloßen Selbstbezogenheit des Geistes in der idealistisch-spekulativen Philosophie («Monolog») soll die wechselseitige Bezogenheit der Menschen aufeinander treten, die sich in Aussprache und Austausch mit einem personalen Gegenüber manifestiert («Du», «Dialog»). Als das Band, das die Menschen dabei verbindet, gilt Feuerbach die innige Zuneigung («Liebe»). Der primäre Modus, in dem der konkrete Mensch sich zu Dingen wie Personen verhält, ist für

Feuerbach nicht das Denken, sondern die Anschauung unter Einschluss ihrer affektiven Dimension («Sinnlichkeit», «Leidenschaft»).

Die anthropologische Alternative zum spekulativen Idealismus bezeichnet Feuerbach auch als die «Philosophie der Zukunft». Mit dem Terminus, den Richard Wagner wenig später zum Titel einer Feuerbach gewidmeten kunstphilosophischen Schrift umwandelt (*Das Kunstwerk der Zukunft*, 1850), ist zum einen der programmatische Charakter eines Denkens angezeigt, das noch der Ausführung bedarf, um sich mit den systematischen Leistungen des deutschen Idealismus messen zu können. Zum anderen soll damit der Philosophie selbst eine neue Dimension und Perspektive eröffnet werden. Schließlich ist an der Formel auch bemerkenswert, dass Feuerbach mit ihr die Zukunft als eigene und eigentliche Dimension des Philosophierens eröffnet. Philosophie steht so nicht, wie bei Hegel, im Dienst der Verständigung über die Vergangenheit und der Versöhnung mit der Gegenwart, sondern ist auf eine neue Zeit und ihre neue Ordnung hin orientiert, die erst noch kommt und deren eventuelles Eintreten mit den Mitteln der Philosophie vorzubereiten und herbeizuführen ist.

8. Die Philosophie der Arbeit: Karl Marx

«Man kann die Menschen durch das Bewusstsein, durch die Religion, durch was man sonst will, von den Tieren unterscheiden. Sie selbst fangen an, sich von den Tieren zu unterscheiden, sobald sie anfangen, ihre Lebensmittel zu *produzieren*, ein Schritt, der durch ihre körperliche Organisation bedingt ist. Indem die Menschen ihre Lebensmittel produzieren, produzieren sie indirekt ihr materielles Leben selbst.»

K. Marx, *Die deutsche Ideologie* (1846)

Karl Marx (1818–1883), der einer rheinischen Rabbinerfamilie entstammt, in der erst die Eltern zum Protestantismus übergetreten sind, studiert in Bonn (1835–1836) und Berlin (1836–1841) zunächst Jura, wendet sich aber im Berliner linkshegelianischen Milieu der Philosophie zu, bevor er in Jena mit einer Arbeit zur antiken Naturphilosophie promoviert wird (1841). Nach Tätigkeit als Autor und Redakteur der liberalen Rheinischen Zeitung (1842/43) und Mitarbeit an den Deutsch-Französischen Jahrbüchern (1843) wendet er sich zunächst der publizistischen Auseinandersetzung mit den Linkshegelianern zu, insbesondere mit Feuerbach und Max Stirner (*Thesen über Feuerbach*, 1845; mit Friedrich Engels, *Die heilige Familie*, 1845; und *Die deutsche Ideologie*, 1845/46). Es folgen politisch-propagandistische Aktivitäten im Kontext der internationalen Arbeiterbewegung, an deren Formierung Marx entscheidenden Anteil hat (mit Engels, *Manifest der kommunistischen Partei*, 1848).

Nach frühen fragmentarischen Versuchen (*Ökonomisch-philosophische Manuskripte*, 1844) widmet Marx die ihm verbleibende Zeit und Arbeitskraft der wissenschaftlichen Analyse des kapitalistischen Wirtschaftssystems (*Zur Kritik der politischen*

Ökonomie, 1859; *Das Kapital*, Bd. 1, 1867, Bd. 2, posth. publiziert 1885, Bd. 3, posth. publiziert 1894), bleibt aber auch weiter parteiprogrammatisch aktiv (*Kritik des Gothaer Programms*, 1875, posth. publiziert 1891). Marx verbringt die meiste Zeit seines Lebens im aus politischen Gründen auferlegten Exil, zunächst in Paris (1843–1845), dann in Brüssel (1845–1848) und schließlich in London (1849–1883), mit nur gelegentlichen und kurzen Aufenthalten in Deutschland, darunter in Köln im Revolutionsjahr 1848/49.

Später im 19. Jahrhundert und während des gesamten 20. Jahrhunderts wirkt Marx fort als Begründer einer politischen Ideologie (Marxismus) von globalem Einfluss, in deren Zentrum eine antibürgerliche Konzeption von Wirtschaft und Gesellschaft steht (Sozialismus, Kommunismus). Doch liegen die Anfänge und Vorbereitungen für Marx' Wende zu Politik und Ökonomie in der Philosophie, speziell im Umkreis des Linkshegelianismus, der sich in den 1840er Jahren zunehmend radikalisiert. Im Vorfeld und im Umfeld der europaweiten bürgerlichen Revolutionen von 1848/49, die allerdings in den deutschsprachigen Ländern allesamt scheitern, wandelt sich die zuvor primär publizistische Kritik an den bestehenden politischen Verhältnissen bei einigen Junghegelianern, insbesondere Marx und Engels, in politischen Aktivismus.

Der entscheidende Schritt beim Übergang vom revolutionären Denken zum Denken der Revolution ist dabei die Verbindung der bürgerlichen politischen Anliegen (bürgerliche Freiheit und bürgerliche Gleichheit, republikanische Verfassung) mit der Arbeiterfrage. Bei Marx vollzieht sich die politisch-praktische Radikalisierung zudem vor dem Hintergrund einer kritischen Auseinandersetzung mit Hegels Rechtsphilosophie und im Kontext der Rezeption von Feuerbachs Religionsphilosophie. Dazu kommt die theoretische Distanzierung von den Grundpositionen seiner linkshegelianischen Generationsgenossen (Bruno Bauer, Stirner) und des europäischen Frühsozialismus (Pierre-Joseph Proudhon). Während Marx' spätere politisch-ökonomische Arbeiten, allen voran *Das Kapital*, noch zu seinen Lebzeiten oder kurz nach seinem Tod im Druck erscheinen und weite Wirksamkeit entfalten können, wird das umfangreiche und originelle philosophische Frühwerk von Marx, das vielfach fragmentarisch vorliegt, erst etliche Jahrzehnte später veröffentlicht und bleibt so praktisch ohne Einfluss auf die politisch-propagandistische Rezeption von Marx, für die es deshalb aber auch als Korrektiv gegenüber einseitiger Vereinnahmung dienen kann.

Marx entwickelt die Grundzüge seiner kritischen Sozialphilosophie im fiktiven Dialog mit Hegels *Grundlinien der Philosophie des Rechts* (1820). Für den jungen Marx repräsentiert Hegels integrierte Philosophie von Familie, bürgerlicher Gesellschaft und Staat die avancierte Analyse des modernen Staates in seiner gesellschaftlichen Wirklichkeit. Während Marx die generelle linkshegelianische Einschätzung der deutschen politischen Verhältnisse als rückständig und reaktionär teilt, sieht er in Hegels philosophischer («spekulativer») Analyse von Staat und Gesellschaft die methodischen Mittel und konzeptuellen Kategorien bereitgestellt für eine kritisch-progressive Erfassung der politischen Wirklichkeit.

Marx' besonderes Interesse gilt Hegels Darstellung des systematischen Verhältnisses von Gesellschaft qua bürgerlicher Gesellschaft und Staat qua «politischem Staat». Hegel zufolge ist der Staat in engerer, politischer Bedeutung – als Instanz und Instrument von Regierung – vorrangig gegenüber den scheinbar vor- und außerstaatlichen Formationen von Familie und bürgerlicher Gesellschaft. Dem gegenüber erinnert Marx an den bloß idealen Status des Staates («Idee»), der seine reale Basis in den konkreten Gruppierungen der Gesellschaft hat. In radikaler Umkehrung von Hegels Staatsidealismus, für den Familie und bürgerliche Gesellschaft unselbständige Teilmanifestationen («Momente») des Staates sind, zeichnet sich schon beim frühen Marx die Entwicklung eines gesellschaftlichen Materialismus ab, für den die sozial konkreten und historisch spezifischen Umstände den Staat in seinen Strukturen und Institutionen erst ausprägen («historischer Materialismus»).

In seiner Kritik an Hegel folgt Marx der Kritik Feuerbachs an der Religion als falscher Vergegenständlichung des menschlichen Bewusstseins. Dabei überträgt er Feuerbachs Verfahren der genetischen Analyse einer Bewusstseinsgestalt aus der Sphäre von Religion und Theologie in die von Staat und Gesellschaft. Der Staat in seiner angeblichen absoluten Wirklichkeit ist für Marx die illusionäre Objektivierung gesellschaftlicher Beziehungen in eine eigene, von der eigentlichen (bürgerlichen) Gesellschaft abgesonderte Ordnung. Doch versteht Marx den eigenen Schritt über Feuerbachs genetische Analysen hinaus nicht bloß als Erweiterung von deren Anwendungsbereich über Feuerbachs Fokus auf die Religion hinaus. In kritischer Absetzung von Feuerbach verändert und erweitert er auch den Modus der genetischen Bewusstseinsanalyse.

Während nämlich Feuerbach den Wirkmechanismus hinter dem religiösen Wesen und seiner Operation unbewusster Vergegenständlichung aufdeckt, ohne dessen Sinn und Zweck zu ermitteln, interessiert sich Marx für die Funktion des Projektionsmechanismus, der dem religiösen Bewusstsein und darüber hinaus allem falsch vergegenständlichenden Bewusstsein zugrunde liegt. Für Marx dient die Religion der Narkotisierung der Menschen («Opium für das Volk») zum Zweck ihrer Anästhesierung oder Unempfindlichkeit gegenüber den Mühen des Lebens im Allgemeinen und gegenüber den Plagen der gesellschaftlichen Existenz im Besonderen. In dieser Perspektive erweitert sich für Marx das von Feuerbach demaskierte religiöse Bewusstsein von einer jenseitigen Welt zum falschen Bewusstsein von der diesseitigen Welt, deren wahres Wesen durch das religiöse Bewusstsein verkannt und unterschätzt wird («verkehrtes Weltbewusstsein»).

Gegen die Idolatrisierung von absoluter Religion und absolutem Staat stellt schon der frühe Marx die konkrete gesellschaftliche Wirklichkeit und die sie bestimmenden materiellen Umstände, insbesondere die prägenden Besitzverhältnisse. Ihr politisches Pendant soll die philosophische Korrektur der verkehrten religiösen und politischen Verhältnisse («theoretische Revolution») deshalb in einer praktischen Revolution der Gesellschaft finden, die radikal andere rechtliche und staatliche Strukturen schafft. Erst durch solche revolutionäre Praxis findet die Philosophie, so Marx, ihre adäquate Umsetzung in der Wirklichkeit («Verwirklichung»).

Im Rahmen seiner Kritik an Hegels Rechts-, Gesellschafts- und Staatsphilosophie erkundet Marx auch schon die konkreten Bedingungen für radikale politische Veränderung. In Übereinstimmung mit seinem generellen historisch-materialistischen Ansatz verortet er die erforderliche Grundlage der Revolution statt in den Ideen in den Menschen («Volk»). In Absetzung von historischen Vorbildern, speziell der Französischen Revolution, die als spezifisch politische Revolution auf die Gleichberechtigung des dritten Standes («bürgerliche Emanzipation») abzielte, intendiert Marx eine gesamtgesellschaftliche Revolution mit dem umfassenden Ziel, nicht nur den Menschen als Bürger, sondern auch den Menschen als solchen – als Mensch – gesellschaftlich zu befreien («allgemein menschliche Emanzipation»).

Die angestrebte Revolution der menschlichen Gesellschaft, die einer vollständigen Veränderung («Negation») der bestehenden staatlich-gesellschaftlichen Ordnung gleichkommt, überträgt auch schon der frühe Marx einer sozialen Schicht («Klasse»), die durch ihre Randstellung in der bürgerlichen Gesellschaft am weitesten von deren spezifischen materiellen Wertvorstellungen entfernt ist («Negation des Privateigentums»): der Arbeiterschaft («Proletariat»), die über kein anderes Eigentum als ihre Arbeitskraft verfügt. Nach Marx' Einschätzung sind die Anliegen gerade dieser Schicht nicht durch partikulare Interessen bestimmt, sondern absolut elementar und insofern als allgemein menschlich anzusehen. Doch sieht Marx' frühes Szenario für die Revolution auch vor, dass die Theorie und speziell die Philosophie den gesellschaftlichen Träger der anstehenden kolossalen Umwälzung, das Proletariat, im Stil einer Avantgarde anzuleiten hat.

Der Fokus auf Arbeit im Allgemeinen und auf Lohnarbeit im Besonderen bringt Marx schon früh in Gegensatz zum anthropologischen Denken Feuerbachs, das den Menschen als solchen, ungeachtet seiner gesellschaftlichen Stellung und Funktion, in den Blick bringt und mit dem Rekurs auf Leib, Liebe und Leidenschaft eine eher ästhetische und affektive als tätige und praktische Dimension menschlicher Existenz in den Vordergrund stellt. Bei Marx geht es dagegen von Anfang an um den Menschen, insofern er sich durch Arbeit und Produktion die Natur wie auch andere Menschen dienstbar macht. Ganz generell sind bei Marx Kampf und Konflikt die Kennzeichen gesellschaftlicher Existenz («Klassenkampf»). In dieser Hinsicht ist Marx' Menschenbild statt von Feuerbach von Hegel geprägt, für den logischer Widerspruch und realer Gegensatz zu den unausbleiblichen Entwicklungsbedingungen von Staat und Gesellschaft gehören.

Ihren Höhepunkt findet Marx' kritische Auseinandersetzung mit Feuerbach in der Formulierung einer Folge von elf «Thesen über Feuerbach», die in der berühmten letzten These münden, der zufolge die Philosophen die Welt nur verschieden interpretiert haben, während es darauf ankommt, sie zu verändern. Marx' generelle Diagnose, dass der Materialismus bei Feuerbach theoretisch und kontemplativ bleibt, während er praktisch und aktiv werden sollte, wird damit auf «die Philosophen» insgesamt ausgeweitet. In Marx' knapper Formulierung, bleibt es aber offen, ob die propagierte Praxis zu einer neuen, anwendungsorientierten Philosophie gehört oder schon zur praktischen Politik von Agitation und Revolution, die jenseits bloßer Philosophie liegt.

Den Weg von der Theorie im Anschluss an Hegel und Feuerbach zur Praxis im Kontext von sozialer Frage und gesellschaftlicher Revolution ebnet sich der frühe Marx mit ersten sozio-ökonomischen Analysen und dem Entwurf einer materialistischen Geschichtsphilosophie gesellschaftlicher Veränderung. Im Zentrum steht dabei die Organisation von Arbeit in der zunehmend industrialisierten Moderne. Ganz allgemein ist der Mensch für Marx ein produzierendes Wesen, das die materiellen und kulturellen Umstände seines Lebens durch physische und geistige Arbeit selbst hervorbringt. Insgesamt betrachtet, ist Arbeit so bei Marx das primäre Medium für die Produktion und Reproduktion der menschlichen Gesellschaft. Mit dieser Einschätzung ersetzt Marx die traditionelle philosophische Bevorzugung von Erkennen (Theorie) und Handeln (Praxis) durch eine Anthropologie der Arbeit im Zeichen von Herstellung (Produktion).

Doch steht im Mittelpunkt von Marx' frühen Analysen nicht die Arbeit als solche, in ihrer Dignität und Qualität für humane Existenz, sondern die Arbeit unter den Bedingungen moderner Warenproduktion, insbesondere die industrielle Lohnarbeit. Das primäre Kennzeichen dieser Art von Arbeit ist für Marx die Verkehrung der Arbeit von ihrer ursprünglichen Funktion der Verwirklichung des Menschen zu ihrer Verfallsform. Statt seiner Verwirklichung zu dienen, wird die Arbeit dem Menschen äußerlich und fremd («Entfremdung»).

Marx unterscheidet vier Stufen solcher essentiellen Entfremdung des Menschen durch die moderne Lohnarbeit («entfremdete Arbeit»). Zunächst wird der Mensch unter Bedingungen der Lohnarbeit von seinem Produkt entfremdet. Der Lohnarbeiter bringt etwas aus sich hervor, das ihm dann nicht gehört. Sodann liegt in der Lohnarbeit als solcher Entfremdung vor. Die Produktion geschieht unter Umständen, die strukturell und aktuell miserabel sind. Des Weiteren entfremdet die Lohnarbeit den Menschen von seiner Essenz als produzierend-reproduzierendes, auf Arbeit angelegtes Wesen («Gattungswesen»). Die wahren Fähigkeiten des Menschen verkümmern unter diesen Umständen. Schließlich entfremdet die Lohnarbeit die Menschen voneinander. An die Stelle genuiner zwischenmenschlicher Beziehungen tritt der abstrakte Warenaustausch, einschließlich der Ware Arbeit.

Doch belässt es der frühe Marx nicht bei der eindrücklichen Erfassung der Formen von Entfremdung. In einem nächsten Schritt geht es ihm darum, die Bedingungen zu rekonstruieren, unter denen die gesellschaftliche Entfremdung überhaupt eintritt. Daran anschließend wendet er sich der Frage zu, unter welchen Bedingungen die Entfremdung in all ihren Formen aufgehoben werden kann. Bei aller kritisch wertenden Einstellung zum gesellschaftlichen Phänomen entfremdeter Arbeit geht es Marx nicht um die moralische Verwerfung eines Missstandes oder um den ethischen Appell zu seiner Abschaffung. Für Marx handelt es sich nämlich bei der entfremdeten Arbeit um ein gesamtgesellschaftliches Phänomen, das strukturelle Ursachen hat, die über die Verantwortung – oder Verantwortungslosigkeit – einzelner Akteure hinausreichen.

Das geeignete Instrument für die theoretische Analyse und die praktische Kritik der entfremdeten Arbeit besteht für Marx nicht in der Moralphilosophie mit ihrem Fokus auf dem individuellen Tun und Lassen und auch nicht in der Rechtsphilosophie mit ihrem Augenmerk auf der gesetzlichen Regelung gesellschaftlicher Beziehungen. Vielmehr entwickelt Marx seine kritische Theorie der bestehenden Gesellschaft in einer Geschichtsphilosophie auf der Basis seines gesellschaftlichen Materialismus («historischer Materialismus»). Die durch Arbeit gekennzeichnete menschliche Gesellschaft erweist sich in dieser Perspektive als Resultat von Kräften materieller Art in Gestalt von Herstellungstechniken («Produktionsmittel»), die sich in immateriellen Verhältnissen von Besitz und Eigentum («Produktionsverhältnisse») manifestieren.

Doch ist das Verhältnis von materieller Grundlage («Basis») und kultureller Ausprägung («Überbau») für Marx nicht statisch, sondern dynamisch, konfliktreich und ebenso destruktiv wie konstruktiv («Klassenkämpfe»). Alte gesellschaftliche Ordnungen werden obsolet, bis sie endlich verschwinden, weil die ihnen zugrundeliegenden materiellen Umstände – im Kern produktionstechnische Mittel – durch neue abgelöst werden, die andere gesellschaftliche Ordnungen mit sich bringen. Nach dem Siegeszug des Bürgertums und seiner auf Kapitalinvestition und -akkumulation basierenden Wirtschaftsordnung («Kapitalismus») in der frühen Moderne sieht Marx' materialistische Geschichtsphilosophie für die nicht allzu ferne Zukunft eine soziale Revolution vor, die der industriellen Revolution entsprechen und aus ihr resultieren soll («Diktatur des Proletariats», Sozialismus, Kommunismus). Mit seinen späteren, primär ökonomisch orientierten Schriften ergänzt Marx die frühe Geschichtsphilosophie des revolutionären Fortschritts um eine Kritik des kapitalistischen Wirtschaftssystems und seiner gesellschaftlich-politischen Konsequenzen. Doch fällt dieser umfangreiche Teil seines Werkes, der politisch-ökonomischen Wirkung nach, außerhalb des 19. Jahrhunderts und, der Art der Argumentation nach, außerhalb der Philosophie im engeren Sinne.

9. Die Philosophie der Gleichheit: Alexis de Tocqueville

> «Die Gleichheit, die die Menschen von einander unabhängig macht, lässt sie die Gewohnheit und die Vorliebe annehmen, in ihren einzelnen Handlungen nur ihrem eigenen Willen zu folgen.»
>
> A. de Tocqueville, *Über die Demokratie in Amerika* (1835)

Alexis de Tocqueville (1805–1859), der aus altem normannischem Adel stammt, schließt das Jurastudium in Paris ab (1826) und übernimmt zunächst eine Gerichtsstelle in Versailles. Das prägende Ereignis seines ganzen weiteren Lebens ist der zusammen mit dem Freund Gustave de Beaumont im Regierungsauftrag durchgeführte neunmonatige Aufenthalt in Nordamerika, der zur Erkundung des Strafsystems in den jungen Vereinigten Staaten dienen soll (1831/32). Ähnliche Erkundungsreisen führen Tocqueville später noch nach Irland (1835) und Algerien (1841, 1846). Er verfasst zusammen mit Beaumont den erwarteten Bericht über das amerikanische Gefängniswesen (1833) und verarbeitet dann eigenständig seine gezielt gesuchten Begegnungen und Gespräche mit Menschen aus allen Bevölkerungsgruppen, Schichten und Regionen des jungen Landes zu einer umfangreichen Beschreibung und Analyse der (nord-)amerikanischen Zivilgesellschaft (*Über die Demokratie in Amerika*, 1835, 2., erweiterte Aufl. 1840).

Das Werk findet große Beachtung. Tocqueville wird Ritter der Ehrenlegion (1837) und Mitglied der Académie française (1841) und wechselt in die Politik. Er ist kontinuierlich wiedergewählter Abgeordneter der Nationalversammlung (1839–1851), zuerst unter der Julimonarchie und dann unter der Zweiten Republik, als deren Außenminister er für kurze Zeit fungiert (1849). Nach dem Staatsstreich Napoleons III. (1851), in dessen Verlauf Tocqueville kurzzeitig inhaftiert wird, wendet er sich von der aktiven Politik ab, bleibt aber deren genauer Beobachter und scharfer Analytiker (*Erinnerungen*, posth. publiziert 1893). Gegen Ende seines Lebens erscheint noch, aufbauend auf einer eigenen früheren Abhandlung (1835), als sein zweites Hauptwerk eine Untersuchung zum strukturellen Zusammenhang von absoluter Monarchie und radikaler Revolution in Frankreich (*Der alte Staat und die Revolution*, 1856).

Zur Philosophie seines Jahrhunderts trägt Tocqueville als kritischer Analytiker der zeitgenössischen politischen Wirklichkeit bei. Seine ebenso originellen wie einflussreichen Deutungen von Staat und Gesellschaft in der Moderne gehören in einen Entwicklungsstrang der politischen Philosophie, der detaillierte Beschreibung mit konzeptueller Artikulation verbindet und dabei oft vergleichend verfährt. Hauptvertreter eines analytisch-komparativen Nachdenkens über die politischen Dinge, das systematisch verfährt, ohne die äußere Form eines Systems anzunehmen, sind Aristoteles in der Antike und Jean Bodin (*Über den Staat*, 1576), auf den die Konzeption staatlicher Souveränität zurückgeht, in der frühen Neuzeit, vor allem aber, auf dem Höhepunkt der europäischen Aufklärung, Montesquieu (*Vom Geist der Gesetze*, 1748), der die rechtlich-politische Ordnung eines Landes in wechselseitiger Abhängigkeit von der je spezifischen gesellschaftlichen Wirklichkeit sehen lehrt.

Tocqueville schließt unmittelbar an Montesquieus Fokus auf der reziproken Relation von (politischem) Staat und (bürgerlicher) Gesellschaft an. Nur vordergründig geht es ihm in seinem Hauptwerk zur Demokratie in den Vereinigten Staaten um politische Landeskunde. Tocquevilles systematisches Interesse gilt der Prägung der modernen Gesellschaft durch den demokratischen Geist. Nordamerika ist für ihn das Labor des modernen Lebens in Staat und Gesellschaft ganz allgemein. Seine Beobachtungsreise in den amerikanischen Kontinent betrachtet Tocqueville als Reise in die Zukunft der westlichen Welt, deren Anzeichen er auch schon in Europa glaubt feststellen zu können.

Die Demokratie ist dabei für Tocqueville primär keine Regierungsweise, sondern eine Gesellschaftsform – die prägende Gestalt der modernen Gesellschaft, die er durch die Amerikanische Revolution paradigmatisch eingeführt sieht. Im damaligen zeitgenössischen Horizont ist Demokratie ein umstrittener Begriff, der vorrangig mit der direkten Demokratie im antiken Athen in Zusammenhang gebracht wird. Auch unter den Theoretikern der Amerikanischen Revolution und den Gründervätern der Vereinigten Staaten ist der Begriff Gegenstand von politisch-philosophischer Auseinandersetzung zwischen Verfechtern einer lokal und regional basierten Volksherrschaft («Demokraten») und einer starken Zentralregierung («Republikaner»).

Tocqueville identifiziert die demokratische Staats- und Gesellschaftsform mit dem Prinzip der bürgerlichen Gleichheit, das dem Buchstaben nach gleiche Rechte und Pflichten für alle Staatsbürger umfasst und dem Geist nach deren gesellschaftliche Gleichstellung über ökonomische, kulturelle, intellektuelle und religiöse Differenzen hinweg beinhaltet. Eine prinzipiell demokratische Gesellschaft ist für Tocqueville so verfasst, dass alle relevanten Lebensbereiche durch Verhältnisse von Gleichheit charakterisiert sind («Gleichheit der Bedingungen»). Den Gegensatz zur egalitären Gesellschaftsordnung bildet bei Tocqueville eine auf Rangunterschiede aller Art angelegte soziale Ordnung, die – politisch gesehen – aristokratisch statt demokratisch strukturiert ist.

Nach Tocquevilles Einschätzung erlauben es die jungen Vereinigten Staaten, auf exemplarische Weise den allgemeinen und umfassenden Einfluss des Gleichheitsprinzips auf Staat und Gesellschaft in der nachrevolutionären Moderne zu studieren. In seiner politisch-philosophischen Auseinandersetzung mit den amerikanischen Verhältnissen geht es Tocqueville aber nicht um eine typologische Gegenüberstellung von alteuropäischer, aristokratischer Gesellschaft und neuweltlicher, demokratischer Gesellschaft. Vielmehr soll die Analyse der amerikanischen Verhältnisse den Blick schärfen für die Wahrnehmung demokratischer Elemente und Ansätze in den zeitgenössischen europäischen Systemen von Staat und Gesellschaft. Dabei gehen Tocquevilles konzeptuelle und komparative Analysen durchweg über bloße Beschreibung hinaus und nehmen einschätzende und wertende Züge an. Doch ist die Bewertung der sozio-politischen Phänomene nicht einseitig und parteiisch, sondern sorgfältig abwägend, hochgradig reflektiert und von einer umfassenden politisch-philosophischen Perspektive getragen.

Tocquevilles eigener Ansatz für den impliziten Vergleich der Demokratie in Amerika und in Europa ist getragen von einer doppelten Absetzung gegenüber den gängigen zeitgenössischen politisch-philosophischen Positionen. Weder ist Tocqueville Parteigänger der Revolution, die auf die radikale Umkehrung der gesellschaftlichen und politischen Verhältnisse abzielt. Hier sieht Tocqueville in den ideologischen und politischen Exzessen der Französischen Revolution, unter Einschluss von Napoleons Neocäsarismus, nur Destruktion und Diktatur. Noch steht Tocqueville auf Seiten der Restauration vorrevolutionärer Verhältnisse, die er vielmehr für geschichtlich überholt hält.

Der dritte Weg zwischen Revolution und Restauration, der Tocquevilles Blick auf Amerika wie auf Europa bestimmt, ist geprägt durch die Konzeption von Freiheit als Prinzip und Zweck in Staat und Gesellschaft. Auch in dieser Hinsicht folgt Tocqueville den weltgeschichtlichen Betrachtungen von Montesquieu, der die Formen politischer Herrschaft im Hinblick auf das gesellschaftlich-politische Ziel eines ungestörten («sicheren») Lebens der Untertanen unter gerechten Gesetzen beurteilt hatte. Doch während bei Montesquieu die konstitutionelle Monarchie in ihrer exemplarischen Verwirklichung durch England im Gefolge der Glorreichen Revolution (1688) als Garant politischer und bürgerlicher Freiheit figuriert, erkundet Tocqueville das politisch-bürgerliche Freiheitspotenzial der demokratisch verfassten und gesinnten Vereinigten Staaten von Amerika.

Den rechtlich-politischen Kern der amerikanischen demokratischen Ordnung lokalisiert Tocqueville in der Lehre von der Volkssouveränität, die auf Rousseau zurückgeht. Ein durch gemeinsame Abmachung unter Menschen, die sich zunächst noch im vor- oder außerstaatlichen Verhältnis zueinander befinden

(«Naturzustand»), errichtetes Gemeinwesen kennt keine staatlich sanktionierten gesellschaftlichen Unterschiede, sondern nur bürgerliche Gleichheit. Wichtiger noch als die theoretische Begründung gesellschaftlicher Gleichheit ist für Tocqueville aber das frühe Vorliegen demokratischer Gesellschaftsverhältnisse schon in der Kolonialzeit. Bedingt durch ihre Gründungsgeschichte, sind, so Tocqueville, die Kolonien der Ostküste auf lokaler Ebene, der britischen Oberhoheit zum Trotz, von Anfang an demokratisch verfasst und durch die essentielle Gleichheit der Kolonisten untereinander geprägt.

Anders als die Französische Revolution, die gegen institutionelle Ungleichheit und Unfreiheit gerichtet war und Freiheit zusammen mit Gleichheit erst erringen musste, konnte die Amerikanische Revolution, so Tocqueville, von einer bereits existierenden gesellschaftlichen Gleichheit ausgehen, die dann gegen politische Unfreiheit durchgesetzt und so von der gesellschaftlichen auf die politische Ebene ausgeweitet wurde. Nach Tocquevilles Einschätzung ist der Sinn für Gleichheit unter der amerikanischen Bevölkerung sogar so groß, dass sie die gleich verteilte Unfreiheit der ungleich verteilten Freiheit vorzieht. Nach Tocquevilles nüchterner Einschätzung zielt die Gleichheitsordnung der amerikanischen demokratischen Gesellschaft auf gleiche Rechte für alle – oder für keinen.

Bei der näheren Charakteristik der amerikanischen Demokratie als Herrschaftsform greift Tocqueville auf die politische Tradition des Republikanismus zurück, demzufolge ein Gemeinwesen («res publica») dann frei ist, wenn es nicht von anderen beherrscht wird, sondern sich selbst regiert. In einer demokratischen Republik oder Volksrepublik – im Unterschied zu einer aristokratischen Republik oder Adelsrepublik – wirkt dabei das gesamte politisch geeinte Volk («Staatsvolk»), so Tocquevilles summarische Formel, auf sich selbst. Montesquieu hatte in Orientierung an der globalen Staatengeschichte noch die Praktikabilität einer demokratisch-republikanischen Verfassung in einem territorial ausgedehnten Staat bestritten. Für Tocqueville dienen die Vereinigten Staaten zum Beleg des Gegenteils und als Nachweis, dass in der fortgeschrittenen Moderne Staatengebilde und -verfassungen ganz neuer Art Wirklichkeit werden («neue Gesellschaft»).

Doch erfolgt, wie Tocqueville herausstellt, die Herrschaft des Volkes über sich selbst in der amerikanischen Demokratie nicht unmittelbar, wie in der direkten Demokratie altathenischer Art, sondern indirekt und durch Vertretung oder als repräsentative Demokratie. Dies gilt für alle drei Bereiche der demokratischen Gewaltausübung: die gesetzgebende, die ausführende und die rechtsprechende Gewalt. Alle Herrschaft und Gewalt wird, wo nicht durch das Volk, so doch «im Namen des Volkes» ausgeübt. Um das ganze Ausmaß der Umwälzung, die in der demokratischen Gesellschaftsordnung vorliegt, deutlich zu machen, vergleicht Tocqueville die Machtstellung des Volkes in der modernen politischen Welt mit der absoluten Herrschaft Gottes über den Kosmos.

Eine weitere von Tocqueville hervorgehobene Innovation der amerikanischen Demokratie mit einer potentiellen Perspektive für andere Staaten und Länder ist die föderative Verfassung, die Vielheit und Vielfalt mit Einheit zu vereinbaren erlaubt. Tocqueville präsentiert die enge Vereinigung der zuvor nur locker verbundenen ehemaligen Kolonien als einen konstruktiven Kompromiss zwischen den einzelstaatlichen, essentiell demokratischen und den zentralen, wesentlich republikanischen Parteiungen in der Gründungsphase der Vereinigten Staaten. Dabei registriert er aber auch den wirtschaftlich-gesellschaftlichen Gegensatz zwischen dem durch eine Handel und Handwerk treibende Mittelschicht geprägten Nordosten und dem durch Großgrundbesitz und Plantagenwirtschaft charakterisierten Süden, der noch durch die jüngere Siedlungsbewegung weiter im Westen und dessen kleinagrarische Wirtschaftsform verstärkt wird.

Der Zusammenhalt der disparaten Landesteile verdankt sich, so Tocqueville, zunächst einmal deren außenpolitischer und wirtschaftlicher Angewiesenheit aufeinander. Vor allem aber umspannt und vereint die föderative Union, in Tocquevilles Analyse, die regionalen Differenzen und Divergenzen durch das gemeinsame zivische Ethos der gesellschaftlichen Gleichheit. Die dadurch gegebene Übereinstimmung im Wesentlichen

(«Gleichheit der Gefühle», «Ähnlichkeiten der Meinungen») bildet, so Tocqueville, auch den informellen Rahmen, in dem fortgesetzte Entwicklung, Expansion und Migration bei Fortbestand der gesellschaftlich-politischen Einheit stattfinden können. Doch zeichnen sich für Tocqueville in den regionalen Gegensätzen, vor allem dem zwischen dem Norden und dem Süden, speziell in der Sklavenfrage, bereits die möglichen Bruchstellen des Bundes ab. Auf lange Sicht bilden deshalb für Tocqueville die demokratische Grundanschauung und die republikanische Gesinnung ein stärkeres und haltbareres Einigungsband als die formal festgeschriebene Bundesverfassung.

Nachdem Tocqueville zuvor die Auswirkungen der demokratischen Staatsform auf die amerikanische Gesellschaft untersucht hat, wendet er sich anschließend den Rückwirkungen der gesellschaftlichen Egalisierung auf das politische Leben in einem demokratisch verfassten Staat zu. Im Mittelpunkt seiner Überlegungen steht dabei der Status der Freiheit in einer Gesellschaft von bürgerlich Gleichen, in der das Volk durch seine Vertreter über sich selbst herrscht. Ganz generell stellt Tocqueville fest, dass gesellschaftliche Gleichheit zu Unabhängigkeit führt. In einer genuin demokratischen Gesellschaft fehlen Personen oder Gruppierungen von dauerhaft herausgehobenem Rang, die andere in Abhängigkeit halten können.

Auf der Grundlage der durch Gleichheit bedingten Freiheit qua Unabhängigkeit ergeben sich für Tocqueville zwei politische Szenarien: das daraus folgende Eintreten von Herrschaftslosigkeit («Anarchie»), bei der Freiheit zu Unordnung führt, und das daran anschließende Auftreten einer neuen Abhängigkeit («Knechtschaft»). Es ist die letztgenannte Drohung eines Despotismus unter demokratischen Bedingungen, die Tocqueville als die größere Gefahr für den modernen Staat ansieht («Despotismus der demokratischen Nationen»).

Zur Gefährdung der Freiheit durch die Demokratie kann es kommen, weil die für die demokratische Gesellschaft charakteristische Gleichheit die Individuen einzeln betrachtet unbedeutend und schwach macht. Dagegen gewinnt die kollektive Vertretung der Individuen in Gestalt staatlicher Institutionen an

Macht und Einfluss. Nach Tocquevilles Wahrnehmung erstreckt sich die gestärkte staatliche Macht nicht nur auf die Regelung der allgemeinen gesellschaftlichen Verhältnisse, sondern erfasst mehr und mehr auch die Individuen in ihrer privaten Existenz. Die zunehmende staatliche Einflussnahme wird, so Tocqueville, deshalb generell akzeptiert, weil die Individuen um den demokratischen Ursprung der staatlichen Macht und Gewalt über sie wissen.

Unter Bedingungen gesellschaftlicher Gleichheit, wie sie für den modernen demokratischen Staat charakteristisch sind, fehlen nach Tocquevilles Einschätzung politisch signifikante gesellschaftliche Institutionen und Formationen, die mildernd und moderierend zwischen die politische Zentralgewalt des Staates und das Individuum treten könnten. Solche vermittelnden Institutionen, die das zugehörige Individuum schützen, indem sie die direkte staatliche Macht über es schwächen, findet Tocqueville in den Ständen und Korporationen der vorrevolutionären Verhältnisse, darunter vor allem einer auch gegenüber dem Monarchen starken Adelsgesellschaft. Das Fehlen solcher Zwischengewalten bringt das demokratische Individuum, so Tocqueville, in direkte Abhängigkeit vom demokratischen Staat. Allerdings sieht Tocqueville auch deutlich, dass die alten, vorrevolutionären Verhältnisse in Staat und Gesellschaft nicht mehr wiederherzustellen sind.

Die Kehrseite des modernen, demokratischen Individualismus, der das Individuum aus etablierten Bindungen und festen Zugehörigkeiten befreit, ist so bei Tocqueville dessen politische Marginalisierung, die auch dort vorliegt, wo das Individuum in periodischen politischen Akten seiner Funktion als Bestandteil des Souveräns nachkommt (Wahlen). Im Hinblick auf die bevorstehende Demokratie in Europa («Gleichheitszeitalter») stellt sich deshalb, nach Tocquevilles Beurteilung, die Aufgabe, bürgerliche Freiheit unter Bedingungen von bürgerlicher Gleichheit zu realisieren. Als Hauptgaranten einer solchen die Freiheit fördernden Demokratie nennt Tocqueville die Pressefreiheit und den rechtlichen Schutz des Individuums gegenüber dem Staat wie der Gesellschaft. Darüber hinaus betont er die essentielle Rolle zivisch gesinnter und politisch wirksamer Individuen in funktionaler Fortführung der alten Aristokratie («aristokratische Persönlichkeiten»), durch die ein elitäres Element in die von Tocqueville anvisierte liberale Demokratie gelangt.

10. Die Philosophie der Einsamkeit: Henry David Thoreau

«Ich ging in die Wälder, weil ich wünschte, mit Bedacht zu leben, nur den wesentlichen Tatsachen des Lebens zu begegnen und zu sehen, ob ich nicht lernen könnte, was es zu lehren hatte, um nicht, wenn es ans Sterben ginge, zu entdecken, dass ich nicht gelebt hatte.»

H. D. Thoreau, *Walden* (1854)

Henry David Thoreau (1817–1862), der aus einer Familie von bescheidenem Wohlstand aus dem Bundesstaat Massachusetts im Nordosten der Vereinigten Staaten stammt, verbringt praktisch sein gesamtes Leben in Neuengland. Nach dem Studium am Harvard College (1833–1837) kehrt er in seine Heimatstadt Concord zurück, um dort – und zeitweise auch bei New York – als Schul- und Hauslehrer zu wirken (1837–1844) und anschließend in der Bleistiftfabrik seines Vaters zu arbeiten. Von 1845 bis 1847 lebt er zurückgezogen in einer einfachen Blockhütte an einem kleinen See in der Nähe von Concord und redigiert später aus den Tagebuchaufzeichnungen dieser Zeit seine berühmteste Publikation, *Walden oder das Leben in den Wäldern* (1854). Eine kurzfristige Inhaftierung wegen einer geringfügigen Steuerschuld wird zum Anlass für seinen Vortrag über zivilbürgerlichen Ungehorsam (1848), der im folgenden Jahr gedruckt erscheint. Wie andere Mitglieder seiner Familie engagiert er sich in der Antisklavereibewegung (Abolitionismus). In seinen letzten Lebensjahren ist Thoreau als Landvermesser tätig und wendet sich, auch literarisch, zunehmend der lokalen Botanik und Ökologie zu. Thoreaus philosophisches Vermächtnis sind seine umfangreichen Tage- und Notizbücher in 47 handschriftlichen Bänden aus 24 Jahren, die zunehmend den Charakter eines eigenen Werkes annehmen.

Schon als Student gerät Thoreau unter den Einfluss einer geistigen Reformbewegung im Neuengland des frühen 19. Jahrhunderts, des Transzendentalismus, der religiöse, philosophische und literarische Motive und Medien verbindet. Die Transzendentalisten propagieren eine intellektuelle Gegenkultur zur nivellierten nachrevolutionären amerikanischen Gesellschaft. Religiös neigen sie zum Pantheismus, der das Göttliche im Natürlichen sieht. Ihre bevorzugte literarische Gattung ist der Essay, der gedankliche Tiefe mit populärer Präsentation verbindet. Philosophisch stehen sie dem Idealismus nahe, für den sich die Welt vom Selbst her erschließt.

Der Transzendentalismus übernimmt von Kant und seinen idealistischen Nachfolgern die Vorstellung von der strengen Korrelation zwischen Mensch und Natur und von der profunden Prägung der Natur durch menschliche Subjektivität. In Aufnahme des romantischen Naturdenkens kultiviert der Transzendentalismus die religiöse Überhöhung der Natur zum innerweltlichen Absoluten. Mit dem Hauptrepräsentanten der Bewegung, Ralph Waldo Emerson (1803–1882), verbindet Thoreau eine langjährige Freundschaft. Doch tritt bei Thoreau an die Stelle der naturalisierten Religion der Transzendentalisten eine Ansicht der Natur, die den sinnlich erfahrbaren Dingen selbst und für sich betrachtet Beachtung schenkt und Bedeutsamkeit zuweist.

Auch in der Einschätzung menschlicher Existenz weicht Thoreau von Emerson ab. Emerson vertritt einen elitären Kult führender Geister («repräsentative Menschen»), unter die er außer Platon («der Philosoph»), Shakespeare («der Dichter») und Napoleon («der Weltmensch») auch Goethe («der Autor») rechnet. Gegen die damit vorgenommene Hochschätzung des Ausnahmemenschen und der heroischen Existenzform stellt Thoreau das Ethos der stillen Sinngebung des Lebens auch und gerade in der alltäglichen Existenz, die damit zum Feld für die Kultivierung eines bewusst vertieften Lebens inmitten des scheinbar Gewöhnlichen wird.

Charakteristisch für Thoreaus spirituellen Umgang mit der Natur ist die Verknüpfung von genauer Beobachtung und origineller Einfühlung in die eigene Wirklichkeit der natürlichen Dinge. Dadurch verbinden sich in Thoreaus Aufzeichnungen und Ausarbeitungen Naturwissenschaft und Naturpoesie. Literarisch wechselt Thoreaus Denk- und Schreibstil zwischen analytischer Essayistik, dichterischer Prosa und prosaischer Beschreibung. Philosophisch bringt Thoreau die gezielte Reflexion auf das eigene Selbst zusammen mit der völligen Versenkung in den äußeren Gegenstand, dessen Essenz sich ihm erst im Absehen vom eigenen Selbst erschließt.

Ein wichtiges Vorbild für Thoreaus zugleich gegenständlich orientierten und einfühlsam dimensionierten Zugang zur Natur sind die Reiseberichte und Weltbeschreibungen des Naturforschers Alexander von Humboldt (1769–1859). Doch während Humboldt vorwiegend exotische Naturphänomene beschreibt und erforscht, widmet sich Thoreau ganz der näheren und weiteren Umgebung seines Geburts- und Wohnortes. Seinem zugleich geistigen und nüchternen Blick erschließt sich dabei die Bedeutsamkeit des Alltäglichen und die Gewichtigkeit des Gewöhnlichen. Voraussetzung eines solchen Sehens, das die nächsten Dinge in ihrem eigentlichen Wesen durchschaut, sind für Thoreau Aufmerksamkeit und Ausdauer. Die dingliche Wahrnehmung erfolgt so nicht passiv und automatisch, sondern ist das sorgsam gewonnene Resultat von eigens eingeübten und gezielt ausgeübten Praktiken der Hinwendung zu den Dingen.

Der wissenschaftliche Charakter von Thoreaus naturkundlichen Beobachtungen und Aufzeichnungen steigert sich noch nach der Lektüre von Darwins Werk *Über den Ursprung der Arten*, das 1859 erscheint und das Thoreau im folgenden Jahr kennen und schätzen lernt. Unter dem Einfluss von Darwins Evolutionslehre, die die Ausbildung der Arten dem Prinzip der natürlichen Auswahl im Kampf ums Überleben unterstellt, wandelt sich bei Thoreau die ganzheitliche Auffassung der Natur als geschlossenem System von Regelmäßigkeiten und Ordnungsstrukturen in die dynamische Sicht auf die verborgene Dramatik des Naturgeschehens, das ebenso durch stetigen Streit und unablässigen Untergang wie durch fortgesetzte Erneuerung und anhaltende Neuschöpfung geprägt ist.

Die enge Verknüpfung von Erkundung des eigenen Selbst und Erfassung der Naturwelt macht für Thoreau die tägliche Praxis des Philosophierens aus. Für ihn ist die Philosophie keine akademische Angelegenheit oder wissenschaftliche Disziplin, sondern Lebensform in der Tradition von Sokrates' Sorge um die richtige Weise zu existieren. Doch anders als die von Sokrates vollzogene und vorgelebte Abwendung von der Naturforschung und Hinwendung zu ethischem Einsatz und politischer Partizipation vollzieht sich das philosophische Leben für Thoreau auch und gerade in der Abgeschiedenheit der Natur und im Rückzug aus dem öffentlichen Leben.

Mit seiner philosophischen Präferenz des Privaten gegenüber dem Publiken vertritt Thoreau eine Politik des Unpolitischen, die den Formen und Normen der zeitgenössischen Gesellschaft mit Skepsis und Misstrauen begegnet. Das moderne Leben erscheint Thoreau – wie vorher schon Schopenhauer und Kierkegaard und nachher dann Nietzsche – geprägt durch geistige Verarmung und einseitige Fixierung auf das Materielle und Marginale. Für Thoreau ermöglicht erst der gezielte Rückzug aus der Gesellschaft ein von sozialen Mechanismen und zivilen Konventionen befreites und für die Kernfragen menschlicher Existenz bereites Leben. Die maßgeblichen Anregungen und Einflüsse für ein eigenes und eigentliches Existieren entstehen, Thoreau zufolge, nicht im Austausch mit den anderen Mitgliedern der menschlichen Gesellschaft, sondern im stillen Umgang mit den Dingen der Natur. Erst die Erfahrung von deren eigener Wirklichkeit vermag, Thoreau zufolge, den Menschen vor sich selbst zu bringen.

Mit dem Fokus auf dem Individuum in der Differenz zur Gesellschaft und auf der Persönlichkeit im Unterschied zur Öffentlichkeit vertritt Thoreau in Theorie und Praxis die philosophische Position des Privatismus, die den Sinn und Zweck echt menschlichen Existierens in die Selbständigkeit und Eigenständigkeit des Einzelnen gegenüber der Gemeinschaft mit seinesgleichen legt. Die Benennung und Beschreibung dieser Haltung geht auf Emerson zurück (*self-reliance*), der damit das souveräne Individuum von der Konformität des gesellschaftlichen Lebens abheben will. Doch hat der praktische und robuste Individualismus bei Emerson wie Thoreau weiterreichende Wurzeln in der amerikanischen Siedlungs- und Gründungsgeschichte, die durch Skepsis gegenüber der Regierung – zuerst der britischen, dann auch der eigenen – geprägt ist und die Regelung mit Bevormundung gleichsetzt.

Dem Leben abseits der Gesellschaft – in der Natur und mit der Natur – widmet Thoreau sein weltliterarisches Meisterwerk *Walden*. Der autobiographische Hintergrund der poetisch-philosophischen Prosa ist ein gut zweijähriger Aufenthalt am Waldensee in den Wäldern nahe Concord. Thoreau baut sich dort eine Holzhütte, die nur über einen einzigen Raum und kaum Mobiliar verfügt, und verbringt seine Zeit im natürlichen Rhythmus der Jahreszeiten mit der Erkundung der näheren Umgebung und der Niederschrift seiner Erfahrungen und Gedanken. Die ebenso umfangreichen wie detaillierten Aufzeichnungen verbinden Selbstbeobachtung mit Naturbeschreibung. Minutiöse Details der lokalen Flora und Fauna stehen neben weit ausgreifenden Reflexionen über Selbst und Welt.

Thoreau verabschiedet sich für sein lebensphilosophisches «Experiment» nicht in die unerschlossene Wildnis. Er sucht das Fremde und Verborgene im Nächsten und Bekannten. Auch geriert er sich nicht als Eroberer oder Entdecker, sondern versteht sich als Erkunder und Erforscher. Überdies bricht Thoreau während seines Aufenthalts in den Wäldern nicht den Kontakt zur menschlichen Gesellschaft ab. Er erhält regelmäßig Besuch von Freunden und Bekannten, auch Fremde kommen aus Neugier und Interesse vorbei. Schließlich kommt er regelmäßig nach Concord zurück, wo er auch seine Wäsche waschen lässt.

Was man Thoreau als Inkonsistenz auslegen könnte, bekundet die tiefere Absicht hinter seinem experimentellen Waldleben, das von Anfang an als zeitlich begrenzt geplant ist. Im Gang durch die Natur will er sein Verhältnis zu sich selbst und zur menschlichen Gesellschaft überdenken und daraufhin neu einrichten. Thoreau denkt und handelt nicht als Misanthrop, der die menschliche Gemeinschaft aus Hass und Verachtung meidet, sondern als kritischer Denker der menschlichen Gesellschaft, für den die Einsamkeit Erkenntnismittel ist.

Mit seiner Absicht radikaler Selbsterkenntnis steht Thoreaus *Walden* in der philosophischen Tradition von Meditationen über Ich und Welt, die von Marc Aurel bis Descartes reicht. Durch die konkrete Distanznahme vom gesellschaftlichen Leben gelangt zusätzlich ein zeitkritischer Zug in das Unternehmen der Selbstvergewisserung, mit dem sich Thoreau in die philosophische Phalanx der Analytiker und Kritiker des modernen Lebens einreiht. Die Alternative zu einer durch Konvention und Komfort geprägten und auf Kommerz und Konsum eingeengten Existenz besteht für Thoreau in einem einfachen Leben in individueller Unabhängigkeit nach den moralischen Maßstäben von menschlicher Würde und Menschenrecht.

Zu den ethischen Konsequenzen seiner Selbst- und Welterkundung gehört für Thoreau aber nicht nur die zwischenmenschliche Moral des fairen und verantwortlichen Umgangs der Menschen miteinander. Die strengen moralischen Anforderungen seines ethischen Individualismus betreffen auch das Verhältnis des Individuums zum Staat. Zwar denkt und handelt Thoreau, anders als seine europäischen Zeitgenossen, schon im Horizont eines funktionierenden demokratischen Gemeinwesens, das nach den Prinzipien von bürgerlicher Freiheit und Gleichheit eingerichtet ist. Doch sieht Thoreau die generelle Gefahr, dass der populäre Souverän unmoralisch entscheidet und handelt. Insbesondere kritisiert Thoreau an der politisch-gesellschaftlichen Wirklichkeit der Vereinigten Staaten im frühen 19. Jahrhundert die Institution der Sklaverei und die Kriegsführung gegen Mexiko.

Doch beschränkt sich Thoreaus moralische Kritik an Politik und Gesellschaft nicht auf akute und aktuelle Missstände, sondern ist generell angelegt und grundsätzlich begründet. Für Thoreau bedroht der Staat als solcher, also auch der demokratische Staat, die individuelle Freiheit seiner Bürger. Deshalb ist für ihn auch diejenige Regierung die beste, die am wenigsten regiert. Auf der Grundlage seiner robusten Ethik von individueller Selbständigkeit und persönlicher Unabhängigkeit entwickelt Thoreau eine Sicht auf Staat und Gesellschaft, die den einzelnen auszeichnet und bevorzugt, ihn aber auch unter hohe existentielle und ethische Anforderungen stellt.

Thoreaus allgemeine Staatsskepsis und spezielle Regierungskritik findet ihren theoretischen Ausdruck in der Konzeption des «zivilbürgerlichen Ungehorsams» (*civil disobedience*). Der «Widerstand gegen die zivilbürgerliche Regierung» (*resistance to civil government*), für den Thoreau argumentiert und agitiert, gründet für ihn im normativen Vorrang der individuellen moralischen Verpflichtungen gegenüber zivilgesellschaftlichen Gesetzen und Praktiken. Für den Fall von Verstößen der Politik gegen die Moral vertritt und fordert Thoreau den freiwilligen Verstoß gegen unmoralische staatliche Vorgaben und Anweisungen aller Art. Zu den von ihm ins Auge gefassten Maßnahmen bürgerlichen Widerstandes und zivilen Ungehorsams gehört insbesondere die Weigerung zur Entrichtung von Steuern, mit denen der Staat für unmoralisch zu erachtende Maßnahmen und Einrichtungen finanziert.

Die Vergeltung von Staat und Gesellschaft für den Rechtsbruch des Steuerstreiks – typischerweise durch Inhaftierung – nimmt Thoreau nicht nur in Kauf, sondern begrüßt sie sogar. Für ihn ist, wer aus moralischen Gründen gegen das staatliche Gesetz verstößt und verurteilt wird, auch im Gefängnis frei – und jedenfalls freier, als wer sich durch Steuerleistung zum Unterstützer unmoralischer Politik macht. Spätere pazifistische Sozialrevolutionäre, vor allem Mahatma Gandhi und Martin Luther King Jr., haben Thoreaus Gedanken zum moralisch gerechtfertigten Gesetzesbruch aufgenommen.

Alternative Resonanzen von Thoreaus individualmoralischer Staats- und Gesellschaftskritik finden sich im europäischen Anarchismus des 19. Jahrhunderts (Bakunin), der jede Form von staatlicher Herrschaft ablehnt und bekämpft und dafür sogar auf die Mittel von Gewalt und Schrecken zurückgreift. Aber auch die politisch-philosophische Position des Liberalismus, die ebenfalls auf das 19. Jahrhundert zurückgeht und für eine Stärkung des Individuums gegenüber der politischen Gemeinschaft und der bürgerlichen Gesellschaft eintritt, hat in Thoreau einen Vorreiter. Selbst die Verschärfung des Liberalismus von einer Position genereller Freizügigkeit im Interesse individueller Selbstentfaltung zur libertären Fixierung auf das souveräne Individuum in Abgrenzung von einem strategisch geschwächten Staat kann sich auf Thoreaus ethischen Individualismus berufen.

11. Die Philosophie der Gesellschaft: Auguste Comte

«Die geheiligte Formel des Positivismus lautet: Liebe als Prinzip, Ordnung als Grundlage und Fortschritt als Ziel.»

A. Comte, *System der positivistischen Politik* (1852)

Auguste Comte (1798–1857), der aus dem kleinbürgerlichen Milieu der französischen Provinz stammt, besucht die École Polytechnique in Paris (1814–1816), an der er später auch gelegentlich lehrt, ohne je die angestrebte Professur zu erlangen, und anschließend noch die Universität von Montpellier. In Paris fungiert er als Privatsekretär des Sozialreformers Henri de Saint-Simon (1817–1824), als dessen Schüler er sich bis zu ihrem Bruch miteinander betrachtet. Comtes umfangreiches philosophisches Hauptwerk (*Lehrbuch der positivistischen Philosophie*, 6 Bde., 1830–1842), von dem er selbst eine programmatische Zusammenfassung publiziert (*Rede über den Geist des Positivismus*, 1844), entsteht unter schwierigen persönlichen Umständen. In einem weiteren umfangreichen Werk behandelt Comte die politische Umsetzung seiner fortschrittlichen Philosophie (*System der positivistischen Politik*, 4 Bde., 1851–1854).

Comtes philosophisches Werk kreist um zwei Kernbegriffe, die auch heute noch im Gebrauch sind, inzwischen aber eine stark veränderte Bedeutung angenommen haben: Soziologie und Positivismus. Wenn Comte einen wesentlichen Teil seiner Philosophie als Soziologie kennzeichnet, ist damit nicht die relativ rezente akademische Disziplin gleichen Namens gemeint. Wenn er zudem sein gesamtes philosophisches Projekt als Positivismus deklariert, meint dies nicht die methodische Beschränkung der Philosophie auf das empirisch Gegebene, wie in einer einflussreichen philosophischen Schulbildung aus dem frühen 20. Jahrhundert (Wiener Kreis), die zum Zweck der besseren Unterscheidung auch als «Neopositivismus» bezeichnet wird.

Comte prägt den Begriff der Soziologie zur Kennzeichnung einer neu zu begründenden philosophischen Disziplin, die den bisherigen Fokus der modernen Wissenschaft auf der Natur um die wissenschaftliche Erfassung der Gesellschaft in all ihren Erscheinungsformen ergänzen soll. Comtes enzyklopädisches System der Wissenschaften umfasst zunächst fünf Naturwissenschaften im weitesten Sinne (Mathematik, Physik, Astronomie, Chemie und Biologie), unter denen auch die naturbasierten Phänomene des menschlichen Seelenlebens behandelt werden sollen. Den gesamten verbleibenden Bereich der menschlichen Kulturleistungen ordnet Comtes Systematik sodann der neu kreierten Soziologie zu, die damit – in alternativer, leicht späterer Terminologie – mit dem Gebiet der Geisteswissenschaften zusammenfällt.

Doch vertritt Comte keinen methodologischen Gegensatz zwischen den etablierten Naturwissenschaften und der sich ausbildenden Soziologie. Vielmehr konzipiert er die Soziologie als Ausdehnung naturwissenschaftlicher Methoden und Verfahren auf das Gebiet der Gesellschaft («soziale Physik»). Auch erschöpft sich das Vorhaben von Comtes Sozialwissenschaft nicht in der Aufstellung von Gesetzen der Gesellschaft. Noch mehr als die Naturwissenschaften, die Comte schon in primär pragmatischer Perspektive rekonstruiert, soll die Soziologie durch ihre Erkenntnis der Funktionsweise der Gesellschaft dazu dienen, die gesellschaftliche Entwicklung voranzubringen.

Die zentrale Kategorie Comtes für die durch die Wissenschaft im Allgemeinen und die Soziologie im Besonderen zu bewerkstelligende Besserung der menschlichen Gesellschaft ist der Fortschritt. Wie kaum ein anderer Philosoph seiner Zeit repräsentiert Comte den unerschütterlichen Glauben an die moderne Wissenschaft als Instrument und Motor von Verbesserung und Vervollkommnung aller menschlichen Lebensverhältnisse.

Comtes akademische Herkunft aus dem Ingenieurwesen und seine naturwissenschaftliche Ausrichtung bringen außerdem ein instrumentelles Grundverständnis von Wissenschaft mit sich, das wissenschaftliche Erkenntnis ganz generell als anwendungsorientiert und praxisbezogen ansieht. Das gilt umso mehr für die von ihm anvisierte neue Wissenschaft der Gesellschaft, deren Gegenstand veränderliche menschliche Einrichtungen sind, die Gegenstand von Planung und Gestaltung sein können. Für Comte ist die projektierte Soziologie im Effekt Sozialtechnologie.

Getragen ist Comtes Vorhaben einer streng wissenschaftlichen Einrichtung der modernen Gesellschaft von einem geschichtsphilosophischen Ansatz, der Vergangenheit, Gegenwart und Zukunft einem gesetzlich geregelten Verlauf unterstellt. Für Comte unterliegt die geschichtliche Entwicklung aber keiner kontinuierlichen Kurve in Gestalt einer Aufstiegs- oder auch Verfallsbewegung. Noch folgt sie für ihn einer dramatischen Sequenz nach dem Schema von perfektem Anfangszustand, anschließendem Verfall und endlicher Rückkehr zur ursprünglichen Verfassung. Stattdessen sieht er den typischen Verlauf der Menschheitsgeschichte in einer Abfolge von Etappen organisiert.

Im Rückgriff auf frühere Versuche zur Strukturierung des Geschichtsverlaufs, speziell in der schottischen Aufklärungsphilosophie, aber auch in der französischen Aufklärung bei Turgot (1727–1781), gliedert Comte die generelle sozio-kulturelle Entwicklung des Menschen in einige wenige Hauptetappen («Stadien»). Adam Smith (1723–1790) und John Millar (1735–1801) hatten vier solcher Entwicklungsstadien der Menschheit unterschieden, die hauptsächlich im Hinblick auf die Eigentumsverhältnisse voneinander abgegrenzt waren und einen geschlossenen Parcours durchliefen: von der Kultur der Jäger über die der Hirten zu der der Bauern und schließlich der der Händler. Die Entwicklung des Menschen sollte nach primitiven, pastoralen und agrarischen Kulturformen in den zivilisatorischen Errungenschaften der zeitgenössischen kommerziellen Gesellschaft kulminieren.

Comte nimmt das stadiale Schema des Geschichtsgangs auf, reduziert es aber auf drei Stadien, die überdies nicht mehr sozioökonomisch definiert, sondern in geistig-kultureller Perspektive artikuliert sind. Die Abfolge der drei Stadien versteht Comte als generisches Muster für menschliche Entwicklungsvorgänge verschiedener Art, von der globalen Gliederung der Menschheitsgeschichte bis zum Entwicklungsgang einer besonderen Wissenschaft. Die Stadien sind, in aufsteigender Reihenfolge angeordnet: das theologische Stadium, das metaphysische Stadium und das positivistische Stadium.

Wie schon der von Comte gewählten Bezeichnung zu entnehmen ist, sind die Stadien generell kognitiv konzipiert. Sie geben den jeweiligen Stand des Denkens über die Welt und ihr Wesen wieder. Im ersten Stadium wird die Welt theologisch gedeutet – im Rückgriff auf übernatürliche Entitäten. In einer wertenden Perspektive, die schon spätere, verbesserte Einsichten speziell des zweiten und dritten Stadiums widerspiegelt, erscheint das Weltverständnis im ersten Stadium auf Einbildungskraft basiert («imaginär») und insofern fiktiv. Im Detail unterscheidet Comte noch drei Ausprägungen des theologisch-imaginären Anfangsstadiums: den Fetischismus, den Polytheismus und den Monotheismus.

Das zweite Stadium stimmt im Wesentlichen mit der Phase der traditionellen Philosophie überein. Als zeitlich weit erstrecktes mittleres Stadium repräsentiert es für Comte einen gewaltigen kognitiven und kulturellen Fortschritt gegenüber dem theologischen Anfangsstadium. Doch bleibt das zweite Stadium, seiner Einschätzung zufolge, noch zurück hinter den Einsichten und Institutionen, die dem abschließenden, dritten Stadium angehören. Das zweite Stadium bezeichnet Comte, bereits aus der überlegenen Perspektive des dritten Stadiums heraus, als «metaphysisch» und abstrakt im Hinblick auf seine primären Gegenstände, die nicht – wie im ersten Stadium – Produkte der Imagination sind, sondern dem Verstand entstammen. Wenn er überdies den Erkenntnismodus des zweiten Stadiums als «spekulativ» charakterisiert, liegt darin die Kritik an der prinzipiellen Realitätsferne der traditionellen, metaphysisch orientierten

Philosophie, die Natur und Erfahrung gegenüber dem reinen Denken vernachlässigt.

Der Ausweis des abschließenden, dritten Stadiums, das mit den Errungenschaften von Comtes eigener, endgültiger Philosophie einsetzen soll, als «wissenschaftlich» verweist die angeblichen Einsichten der früheren Stadien in das Reich von unwissenschaftlichen und pseudowissenschaftlichen Erkenntnisbemühungen. Die von Comte ebenfalls verwendete Bezeichnung «real» für das dritte Stadium markiert die Differenz des wissenschaftlichen Stadiums von den imaginären und abstrakten Welten der ersten beiden Stadien. Die Kennzeichnung seiner Philosophie der Zukunft durch den Titel «positivistisch» (*positif*) schließlich erläutert Comte durch fünf Bedeutungen, die diesem Grundausdruck seines Denkens zukommen. Er kennzeichnet zunächst das Tatsächliche im Gegensatz zu dem bloß Eingebildeten. Sodann markiert er das Nützliche im Gegensatz zu dem Überflüssigen. Des Weiteren benennt er das Gewisse im Unterschied zu dem, was unentschieden bleibt, sowie das Präzise im Kontrast zum Vagen. Zu diesen vier eher erkenntnistheoretischen Grundbedeutungen des Ausdrucks kommt bei Comte noch der systemarchitektonische Sinn des Begriffs für den konstruktiven und organischen Charakter des Wissens in Absetzung von einem bloß negativen und daher destruktiven Denken.

Doch erschöpft sich die progressive Philosophie Comtes nicht in Wissenschaftstheorie und in an sie anschließende positivistische Wissenschaft. Sie ist vielmehr von Anfang an intendiert als politische Philosophie mit dem Ziel des gesellschaftlichen Fortschritts auf wissenschaftlicher Grundlage. In dieser Perspektive nimmt Comtes neue Leitwissenschaft der Soziologie (sozial-)anthropologische Züge an. Das Gesellschaftliche fällt bei Comte mit dem Menschlichen zusammen. Der Zweck der Soziologie ist die radikale Reform der Gesellschaft.

Das von Comte gewählte Motto für die von ihm gezielt angestrebte Verbindung von streng wissenschaftlicher Grundlegung und konkreter gesellschaftlicher Ausführung lautet «Ordnung und Fortschritt». Es ist bis heute, in portugiesischer Übersetzung, Bestandteil der brasilianischen Bundesflagge – eine bleibende Erinnerung an den immensen Einfluss, den Comtes wissenschaftlicher Positivismus auf das gesellschaftliche und politische Denken in der zweiten Hälfte des 19. Jahrhunderts ausgeübt hat. Erst die politischen Philosophien und Ideologien des 20. Jahrhunderts, von der liberalen Demokratie bis zu den linken und rechten Totalitarismen, haben den Comteschen Positivismus, bei dem es sich um eine wissenschaftliche Ideologie in politischer Hinsicht handelt, in Vergessenheit geraten lassen.

Die ordnungsautoritäre Dimension von Comtes wissenschaftlich-politischer Erfassung des gesellschaftlichen Menschen wird bereits früh bemerkt. So kritisiert John Stuart Mill, der die wissenstheoretischen Errungenschaften von Comtes Denken durchaus zu schätzen weiß, deren geplante Umsetzung mittels sozialer Technik als illiberal und bricht schließlich mit Comte über dessen Spätphilosophie, die positivistische Politik mit einer neuen Religion («Religion der Menschheit») zu verbinden sucht. In dieser zweiten Phase von Comtes Denken, die praktisch wirkungslos geblieben ist und die eher eine wissenschafts- und kulturgeschichtliche Kuriosität darstellt, wird das Motto der positivistischen Philosophie um eine affektive Dimension erweitert («Liebe als Prinzip, Ordnung als Grundlage, Fortschritt als Ziel»). Die beim späteren Comte zu beobachtende Parallelität mit Feuerbach wird noch ergänzt um eine an Marx gemahnende Ausrichtung der Gesellschaftswissenschaft auf die soziale Frage («Proletariat»).

12. Die Philosophie des Individuums: John Stuart Mill

«Genialische Personen sind per definitionem individueller als alle anderen Leute – und deshalb weniger fähig, ohne schmerzhaftes Zusammendrücken in eine der geringen Zahl von Prägeformen zu passen, die die Gesellschaft bereitstellt, um ihren Mitgliedern die Mühe abzunehmen, ihren Charakter zu formen.»

J. St. Mill, *Über die Freiheit* (1859)

John Stuart Mill (1808–1873), Sohn des schottischen Philosophen James Mill, der ihn auch persönlich unterrichtet, tritt nach dem Studium am University College in London in die Dienste der Britischen Ostindien-Kompanie (1823–1858). 1865–1868 ist er Rektor der Universität von St. Andrews und sitzt während dieser Zeit auch für die Liberale Partei im Britischen Unterhaus. Zu seinen politischen Zielen zählt die Ausweitung des Wahlrechts auf Frauen und die Stärkung der Rolle der Gewerkschaften. Ein wichtiger Einfluss auf sein Denken geht von Auguste Comte aus, mit dem er in regem brieflichem Austausch steht.

Nach frühen Arbeiten zur Wissenschaftstheorie (*System der Logik*, 1843) verfasst er, im engen Austausch mit seiner Frau Harriet Taylor Mill (1807–1858), fundamentale Abhandlungen zur individuellen Freiheit (*Über die Freiheit*, 1859) und zur Frauenfrage (D*ie Unterwerfung der Frauen*, 1861, publiziert 1869), gefolgt von seiner Darstellung einer utilitaristischen Ethik (*Utilitarismus*, 1861 als Artikelserie, 1863 in Buchform). Mills weitere philosophische Arbeitsgebiete umfassen die Volkswirtschaftslehre (*Grundsätze der Nationalökonomie*, 1848) und die politische Philosophie (*Erwägungen über repräsentative Regierung*, 1861). Ungeachtet seiner bedeutenden Beiträge zur

Entwicklung der informellen Logik und der Wissenschaftstheorie liegt der wirkungsmächtige Teil von Mills Werk im Bereich der praktischen Philosophie, speziell der Ethik und der politischen Philosophie. In beiden Bereichen baut Mill auf der Arbeit von prominenten Vorgängern auf und liefert dabei originelle Ausgestaltungen der moralphilosophischen Position des Utilitarismus und der politisch-philosophischen Position des Liberalismus. Überdies sind die Positionen, die er auf den beiden Gebieten einnimmt, systematisch verknüpft.

Mit dem Utilitarismus vertritt Mill eine generelle Position zur Grundlage der Bewertung von Handlungen, speziell zu deren moralischer Qualität. Abweichend vom antiken, auf Aristoteles zurückgehenden Eudämonismus, der ethisches Handeln von dem umfassenden Zielzustand eines guten Lebens («eudaimonia», Glückseligkeit) her versteht, und im Unterschied zur modernen, auf Kant zurückgehenden Pflichtenethik, die Moralität an Verbindlichkeit knüpft, bemisst der Utilitarismus den Wert einer Handlung nach deren Nützlichkeit. Der Nutzen wird dabei nach dem Gewinn von Lust oder Vergnügen (*pleasure*) und dem Vermeiden von Unlust oder Schmerz taxiert. Unter dem utilitaristischen Kalkül gilt es durchweg, Nutzen zu maximieren.

Der Utilitarismus in der Beurteilung von Handlungen aller Art, darunter denen von Recht und Moral, geht zurück auf Jeremy Bentham (1748–1832), an den Mill auch unmittelbar anschließt. Bentham bringt das Nützlichkeitsprinzip auf die Formel vom größten Glück der größten Zahl und bemisst den Nützlichkeitswert einer Handlung rein quantitativ, nach dem Ausmaß der erzielten Genüsse und der vermiedenen Schmerzen. Die Nützlichkeit ist dann ihrerseits das alleinige Kriterium für die Bewertung einer Handlung nach richtig und falsch. Für die Moral resultiert daraus ein Hedonismus, der das Gute mit dem Lustvollen gleichsetzt.

Bei Mill wird der Utilitarismus von der Verkürzung auf einen quantitativen Hedonismus befreit. Er unterscheidet zunächst zwischen höheren Genüssen, die intellektueller und geistiger Art sind und in der Regel länger währen, und niederen Genüssen, die eher physisch dimensioniert und zumeist von nur kurzfristiger Wirkung sind. Sodann vertritt Mill die generische Überlegenheit der höheren Genüsse gegenüber den niederen, unabhängig von den jeweiligen quantitativen Verhältnissen. Damit sind die höheren Genüsse bei Mill effektiv aus dem bloß quantitativen Nützlichkeitskalkül entfernt und bedürfen deshalb eines eigenen Maßstabs für ihre Bewertung und Beurteilung. Die alternative, qualitative Form von Nützlichkeit besteht für Mill im Beitrag, den die Bemühung um die höheren, geistigen Genüsse zum generellen Fortschritt der menschlichen Kultur leistet. Die Ausrichtung des höheren Nutzens auf den Gattungsfortschritt des Menschen verweist ihrerseits über den Utilitarismus hinaus auf ein umfassendes Menschenbild, das Mill im Rahmen seiner gesellschaftlich-politischen Konzeption von menschlicher Freiheit entwickelt.

Mit seiner Abhandlung *Über die Freiheit* liefert Mill einen der Gründungstexte des Liberalismus, dessen erste Begründung auf Locke zurückgeht (*Zweite Abhandlung über die Regierung*, 1689/90), der den Staat als Schutzmacht für das Leben, die Freiheit und den Besitz seiner Bürger versteht. Zwar folgt Mill im Wesentlichen Lockes instrumenteller Auffassung des Staates. Doch anders als Locke gründet Mill das Verhältnis der Bürger zum Staat nicht auf deren prinzipiellen Ansprüche («natürliche Rechte»), sondern auf der Nützlichkeit der liberalen Einrichtung der politischen Verhältnisse im Hinblick auf die allgemeine Aufgabe der Selbstvervollkommnung des Menschen.

Der Wechsel von einer naturrechtlichen Begründung des Liberalismus bei Locke zu seiner Neubegründung in einer perfektionistischen Anthropologie bei Mill reflektiert den Einfluss eines anderen Klassikers des Liberalismus, den Mill auch ausdrücklich als Quelle seiner Ansichten zitiert. Es handelt sich um Wilhelm von Humboldt (1767–1835) und seine frühe Schrift *Ideen zu einem Versuch, die Grenzen der Wirksamkeit des Staats zu bestimmen* (1792). Die Schrift erschien zu Humboldts Lebzeiten nur in Auszügen, war Mill aber in ihrer vollständigen Veröffentlichung (1851) bestens bekannt.

Humboldts frühe Schrift beschränkt den effektiven Einfluss

des Staates auf die Einrichtungen und Maßnahmen, die zum Schutz seiner Bürger vor äußeren und inneren Bedrohungen ihrer Freiheit erforderlich sind («Sicherheit»). Getragen ist diese auf Einschränkung angelegte Konzeption des Staates von der Überzeugung, dass der Staat nur Mittel zum Zweck ist und dass der außerstaatliche Zweck des Staates darin besteht, die freie Entwicklung des individuellen Menschen zu gewährleisten.

Für Humboldt ist der Mensch dazu bestimmt, seine Anlagen und Fähigkeiten («Kräfte») selbständig zu einem individuellen Ganzen auszubilden. Für die optimale Entwicklung des Individuums braucht es, nach Humboldts Einschätzung, zum einen möglichst ungehinderte Entfaltungsmöglichkeiten («Freiheit») und zum anderen variable Umstände, um die unterschiedliche Entwicklung der verschiedenen Individuen anzuregen und zu fördern («Mannigfaltigkeit der Situationen»). Überschreitet der Staat seine Grenzen bei der Reglementierung des gesellschaftlichen Lebens, dann drohen, so Humboldt, Einschränkung oder gar Verlust jener freien individuellen Entwicklung, die den Endzweck menschlicher Existenz darstellt.

Mit der Ausrichtung des menschlichen Lebens auf individuelle Selbstvervollkommnung unterscheidet sich Humboldts Anthropologie der freien individuellen Selbstbildung sowohl vom antiken Ideal der ethischen Bildung des Menschen zum Leben in der Gesellschaft («Tugend») als auch von der modernen Ausrichtung gesellschaftlicher Existenz auf optimierte Wunscherfüllung («Glückseligkeit»). Stattdessen vertritt Humboldt einen individuellen Perfektionismus, der den Menschen von staatlicher Bevormundung («Paternalismus») befreien und zum selbständigen Gestalter seines eigenen Lebens werden lassen will. Bei Humboldt erschöpft sich der Liberalismus also nicht in Liberalität und Lizenz, sondern umfasst essentiell ein Ethos individuell zu leistender Selbstvervollkommnung, das im Hinblick auf seine Voraussetzungen und Anforderungen durchaus elitäre Züge trägt.

Mill übernimmt weitgehend Humboldts über ein halbes Jahrhundert zuvor ausgearbeitete perfektionistisch-liberale Anthropologie. Doch in einer wesentlichen Hinsicht, die von den besonderen Verhältnissen in England, vor allem aber von den sozialen Entwicklungen zu Beginn des 19. Jahrhunderts getragen ist, weicht er erheblich von seinem Vorgänger ab und modifiziert dabei entscheidend die Orientierung des modernen Liberalismus. Humboldts Ansichten stehen im Kontext der vorwiegend vorrevolutionären Verhältnisse auf dem europäischen Kontinent (absolute Monarchie) und der sich abzeichnenden Ablösung monarchischer durch republikanische Staatsgewalt (Französische Revolution). Für Humboldts elitären Humanismus geht es um die Abwehr von staatlichem Paternalismus und Dirigismus aller Art, unter Einschluss des revolutionären Republikanismus mit seinem zivischen Ideal der Bürgertugend.

Mill dagegen schreibt über die Freiheit im Hinblick auf ein Land, in dem die Zentralgewalt seit Jahrhunderten durch garantierte Rechte («Freiheiten») und verfassungsförmige Regelungen eingehegt ist. Doch ist dem modernen Individuum, das sich weitgehend von staatlicher Despotie zu emanzipieren vermochte, nach Mills Einschätzung inzwischen eine andere Macht entgegengetreten, die seine freie Verwirklichung bedroht und beschränkt. Es ist dies, Mill zufolge, die Gesellschaft als das Gesamt der Individuen, die sich in staatlicher Gemeinschaft miteinander befinden. Zwar konzediert er, dass die moderne Gesellschaft aus eben den Individuen besteht, an deren Freiheit zur eigenen Selbstvervollkommnung ihm liegt. Doch zeichnet sich für ihn die grundsätzliche Gefahr ab, dass die Gesellschaft insgesamt und in ihren dominanten Gruppierungen eine soziale Macht über die Individuen erlangt, die der politischen Macht von Staat und Regierung durchaus vergleichbar ist. Die Macht der Gesellschaft über das Individuum mag milder und weniger eklatant sein als die Macht des Staates über seine Bürger, sie ist dafür aber, nach Mills Einschätzung, umso intensiver und invasiver, was die Privatsphäre des Individuums angeht.

In seiner Auffassung von der gesellschaftlichen Bedrohung der individuellen Freiheit stimmt Mill mit Tocquevilles Analyse der demokratischen Gesellschaft überein. Die moderne Demokratie ist in sozio-politischer Perspektive nicht nur eine Regierungsform, sondern eine gesellschaftliche Gesamtgestalt. Der alte Gegensatz von Freiheit und Autorität, der über lange Zeit primär das Verhältnis von Herrscher und Untertan betraf, nimmt für Tocqueville wie Mill in der Moderne neue Züge an. Die Gefahr eines Despotismus geht in modernen demokratischen Gesellschaften nicht mehr primär von Staat und Regierung aus, sondern vom Volk in dessen demokratischer Allmacht («Tyrannei der Mehrheit»). Den Liberalismus verstehen beide Denker deshalb als gesellschaftlich-politischen Schutzschild für das durch seinesgleichen in seiner Freiheit gefährdete moderne Individuum.

Nachdem Humboldt die Grenzen der Wirksamkeit des Staates gegenüber dem freien Individuum erörtert hat, reflektiert Mill in seinem liberalen Parallelprojekt auf die Grenzen der Wirksamkeit der Gesellschaft. Die gesuchte Grenzbestimmung findet Mill im Schadensprinzip: Einzig gültiger Grund für die gesellschaftliche Beschränkung des Freiheitsgebrauchs eines Individuums ist ein drohender Schaden, der anderen aus diesem Gebrauch erwachsen würde. Den zu vermeidenden Schaden versteht Mill dabei als massive Beeinträchtigung, so dass negatives Verhalten wie etwa kritische Äußerungen gegenüber einer anderen Person nicht darunter fallen würden. Auch gilt das die Freiheitsbegrenzung rechtfertigende Schadensprinzip nicht für einen Schaden, den jemand sich selbst zufügt, es sei denn der Schaden betrifft indirekt auch andere. So sieht Mill durchaus paternalistische Maßnahmen gegenüber möglicher Selbstschädigung bei Minderjährigen oder Unmündigen vor. Auch die freiwillige Aufgabe der eigenen bürgerlichen Freiheit («Selbstversklavung») ist für Mill unter dem Schadensprinzip ausgeschlossen.

Mills negativ formuliertes Schadensprinzip der Freiheitsbegrenzung soll einen maximalen Freiraum schaffen für individuelle Entwicklung, die zwar vom Einzelnen ausgeht, aber direkt oder indirekt von gesellschaftlichem Nutzen ist oder sein könnte. Die gezielte Entwicklung des Individuums ist für Mill, wie schon für Humboldt, auch keine bloß kognitive Angelegenheit. Ziel und Zweck der durch maximale Freiheit ermöglichten individuellen Entwicklung ist die generelle Selbstvervollkommnung des Individuums, zu der für Mill auch die ethische Ausgestaltung des Selbst gehört («Selbstbeherrschung»).

Zu den wesentlichen Formen der individuellen Freiheit von gesellschaftlicher wie staatlicher Kontrolle und Bevormundung gehört für Mill die Freiheit der Gedanken, unter Einschluss von deren öffentlicher Äußerung, insbesondere die Pressefreiheit. Er argumentiert auch hier utilitaristisch mit dem Erkenntnisgewinn, den die öffentliche Diskussion und Prüfung einer Meinung oder Position der Gesellschaft bringen kann. Des Weiteren nennt Mill als Freiraum des Individuums gegenüber der Gesellschaft ausdrücklich die Freiheit in der persönlichen Lebensführung, die ebenso im Hinblick auf Geschmacksfragen wie auf religiöse Fragen gelten soll, sowie, ganz generell, die Freiheit, nach eigenem Gutdünken zu leben und zu handeln.

In der weiteren Anwendung seiner Philosophie des freien Individuums liefert Mill sodann noch wichtige Beiträge zur politischen Philosophie. Zusammen mit seiner Frau Harriet Taylor unternimmt er eine Neubestimmung des Geschlechterverhältnisses im Zeichen von Freiheit und Gleichheit. Das traditionelle gesellschaftliche Verhältnis zwischen Mann und Frau wird dabei als durch Unfreiheit charakterisiert verworfen und durch die Forderung der völligen Gleichheit der Geschlechter in deren gesellschaftlicher Stellung ersetzt. In der Frage der generellen politischen Einrichtung der freiheitlichen Gesellschaft vertritt Mill einen elitär-individualistischen Ansatz, der die politische Repräsentation nach Bildungsniveau und sozialem Status differenzieren will und die weise Führung der breiten Bevölkerung durch herausragende, geistig überlegene, aber auch in ihrem Ethos exzeptionelle Individuen vorsieht.

13. Die Philosophie des höheren Menschen: Friedrich Nietzsche

> «Der Mensch ist Etwas, das überwunden werden soll. Was habt ihr getan, ihn zu überwinden? Alle Wesen bisher schufen Etwas über sich hinaus: und ihr wollt die Ebbe dieser großen Flut sein und lieber noch zum Tiere zurückgehen, als den Menschen überwinden?»
>
> F. Nietzsche, *Also sprach Zarathustra* (1883)

Friedrich Nietzsche (1844–1900), der einem protestantischen Pfarrhaus entstammt, studiert in Bonn (1864–1865) und Leipzig (1865–1868) klassische Philologie und wendet sich, vor allem unter dem Eindruck Schopenhauers, zunehmend der Philosophie zu. Prägend für sein weiteres Leben und Wirken ist dann die Begegnung mit der Person und dem Werk Richard Wagners, von dem er sich schließlich aber abwendet (1868–1878). Mit gerade einmal 24 Jahren erlangt Nietzsche eine Professur für klassische Philologie an der Universität Basel (1869–1879). In der Baseler Zeit entstehen zunächst Schriften zur antiken Philologie und Philosophie (*Die Geburt der Tragödie aus dem Geiste der Musik*, 1872; *Die Philosophie im tragischen Zeitalter der Griechen*, 1873) sowie zur Zeitkritik (*Unzeitgemäße Betrachtungen*, 1873–1878), gefolgt von einer ersten Aphorismensammlung (*Menschliches, Allzumenschliches*, 1878).

Nach zehnjähriger Lehrtätigkeit in Basel lässt sich Nietzsche aus gesundheitlichen Gründen pensionieren und hält sich das nächste Jahrzehnt über vor allem in der Schweiz, in Norditalien und in Südfrankreich auf (1879–1889). In dieser Zeit entstehen sein poetisch-philosophisches Hauptwerk (*Also sprach Zarathustra*, 1883–1885) und eine Reihe von Werken zur Kritik der moralischen und religiösen Wertvorstellungen, die zumeist als umfangreiche Aphorismensammlungen angelegt sind (*Morgenröte. Gedanken über die moralischen Vorurteile*, 1881; *Die fröhliche Wissenschaft*, 1882; *Jenseits von Gut und Böse. Vorspiel einer Philosophie der Zukunft*, 1886; *Zur Genealogie der Moral*, 1887), sowie zwei schrille späte Schriften (*Der Antichrist*, 1888, publiziert 1894; *Ecce homo. Wie man wird, was man ist*, 1888/89, posth. publiziert 1908). Nach einem Nervenzusammenbruch, den er auf offener Straße in Turin erleidet, verbringt Nietzsche die verbleibenden Jahre seines Lebens in geistiger Umnachtung in der Pflege seiner Familie (1889–1900).

Das lange 19. Jahrhundert beginnt in der Philosophie mit dem revolutionären Werk Kants und findet dann eine monumentale Fortsetzung in den systematischen Leistungen seiner Nachfolger (Fichte, Schelling, Hegel), die ihrerseits kritische Reaktionen (Schopenhauer, Kierkegaard) und systematische Alternativen (Feuerbach, Marx) hervorrufen. Der philosophische Diskurs verschiebt sich dabei zunehmend von der fachlichen Ebene und universitären Verortung zur publizistischen Dimension und gesellschaftlichen Blickrichtung. Die kritisch-konstruktive Ausrichtung auf die gegenwärtige Gesellschaft steht dann vollends im Vordergrund bei den primär sozialphilosophisch ausgerichteten Denkern außerhalb der deutschen philosophischen Tradition (Tocqueville, Thoreau, Comte und Mill). Nach ihrer heroischen Anfangsphase und ihrer revolutionären Mittelphase wird die Philosophie des 19. Jahrhunderts im letzten Drittel zunehmend akademisch und fachwissenschaftlich, auch wo sie sich an den weiterhin maßgeblichen früheren Figuren orientiert (Neukantianismus, Neuhegelianismus).

Im Rückblick ragt eigentlich nur Nietzsche noch heraus aus der «Professorenphilosophie der Philosophieprofessoren» (Schopenhauer) des späten 19. Jahrhunderts, einer zunehmend professionalisierten und rapide spezialisierten Form des Philosophierens, die dann generell die weitere Entwicklung der Philosophie prägen sollte. Doch anders als seine Vorgänger zwischen Kant und Comte, die allesamt in Zeiten von Aufbruch und Umbruch leben und denken, entstammt Nietzsches Philosophieren einer Epoche der Verfestigung und Fixierung der Gesellschaft, die geprägt ist durch bürgerliche Kultur, politischen Nationalismus und ökonomischen Imperialismus. Dementsprechend fehlen bei Nietzsche auch Zutrauen und Zuversicht im Hinblick auf die alternativen Potenziale der modernen Lebensform, die aus Kritikern und Opponenten des Bestehenden Revolutionäre und Reformatoren werden lässt. Nietzsches Verhältnis zur Zukunft ist nicht praktisch, sondern prophetisch.

Im späten 19. Jahrhundert steht Nietzsche so gut wie allein unter seinen Zeitgenossen und sucht sich schon früh Verbündete und Verwandte in der vorherigen Generation: den Junghegelianer David Friedrich Strauß (1808–1874), sodann Schopenhauer und schließlich Richard Wagner. Noch prägender ist aber für Nietzsche eine viel weiter zurückreichende Orientierung an antiken Verhältnissen, besonders am spätarchaischen und frühklassischen Griechenland. Gegen die Mediokrität und Banalität der eigenen Gegenwart evoziert Nietzsche eine Antike, die durch tragische Dichter und Denker geprägt ist. Unter der Oberfläche von klar leuchtendem, «apollinischem» Schein entdeckt der abtrünnige Altphilologe Nietzsche in den Tragödien von Aischylos und Sophokles und im tragischen Denken von Heraklit den dunklen, «dionysischen» Untergrund der griechischen Kultur, zu der Destruktion und Untergang ebenso gehören wie Vernunft und Ordnung.

Doch ist der Rückgang in die Antike bei Nietzsche nicht Flucht aus der eigenen Zeit. Vielmehr dient er der Spiegelung der Moderne im Medium der Geschichte. Neben die sehnsüchtige Sicht auf die tragische Größe der griechischen Kultur tritt nämlich in Nietzsches Antikenbild von Anfang an der Blick für die Affinität der Antike zur mediokren Moderne. Im Übergang zur Philosophie des Sokrates und zur Tragödie des Euripides sieht Nietzsche dieselben Niedergangsphänomene («décadence») am Werk, die er auch in seiner eigenen Zeit beobachtet: den Siegeszug der berechnenden Vernunft, die Auflösung bewährter Rangordnungen, den optimistischen Fortschrittsglauben. Doch anders als im Fall der griechischen Antike, die Nietzsche von tragischer Größe zu komischem Kulturchaos niedergehen sieht, steht der Moderne, wenn es nach Nietzsche geht, ihre geschichtliche Größe erst noch bevor.

Statt nun aber die Zukunft der Moderne direkt und unter antiker Inspiration zu entwickeln, wählt Nietzsche nach seinen griechisch orientierten Anfängen den Weg durch die europäische Geschichte und speziell durch das christliche Europa. Zunächst steht Nietzsches Denken dabei im Zeichen der radikalen Aufklärung, die Vorurteile, Aberglauben und Privilegien aller Art zu decouvrieren sucht. Doch fokussiert Nietzsches Denken schon bald auf den theologisch-religiösen Wurzeln der modernen europäischen Kultur und Moral insgesamt. Im Zentrum steht durchweg die profunde Prägung der intellektuellen und moralischen Praktiken des alten und neuen Europa durch tradierte Normengebilde («Werte»).

Die Wertordnung der Moderne wird von Nietzsche aber weder einfach deskriptiv erfasst noch affirmativ übernommen. Vielmehr positioniert sich Nietzsche in kritischer Distanz zum europäischen Wertesystem, das für ihn den Gegenstand von aufklärerischer Analyse und konzeptueller Kritik bildet. Nietzsches kritisch-analytische Perspektive lenkt den Blick gezielt auf den historischen Ursprung scheinbar fixer Werte, die sich als Resultate von Akten der Wertsetzung erweisen. Die Praktiken der Wertschätzung werden ihrerseits auf präliminare Absichten und partikulare Interessen zurückgeführt. Die Moral- und Religionskritik wird so von Nietzsche als kritische Herkunftsgeschichte («Genealogie») betrieben. Nicht selten dient ihm dabei die Philologie als Hilfswissenschaft, indem Wörter und Wendungen etymologische und sprachgeschichtliche Indizien für frühere Bedeutungen und einstige Funktionen eines Ausdrucks liefern.

Ein integraler Bestandteil von Nietzsches genealogischem Großprojekt ist der Bedeutungswandel, dem Wertungen aller Art und speziell moralische Werte im Laufe der Zeit unterliegen können. Für Nietzsche sind Werte keine statischen Normen, sondern historische Ordnungssysteme, die dem Wechsel unterliegen. Nietzsches besonderes Augenmerk gilt dem radikalen Wertewandel in Gestalt der Verwandlung eines Wertes in sein gerades Gegenteil («Umwertung»). Auch erfolgt die Umwandlung von Wertungen und Werten für Nietzsche nicht zufällig und beliebig, sondern resultiert aus historischen Prozessen und geschieht insofern immer mit Gründen und durchweg aus einer gewissen Notwendigkeit.

Für Nietzsche resultiert daraus eine mehrfach gestufte Aufgabe für die Genealogie der moralischen Werte. Zuerst gilt es, den Ursprung der moralischen Werte aufzudecken. Sodann sind die Formen ihrer Umwertung zu verfolgen. Des Weiteren kommt es darauf an, die Gründe und Bedingungen der zu beobachtenden Wertveränderungen zu bestimmen. Durchweg geht Nietzsche dabei davon aus, dass der Wandel in der Bedeutung und Verwendung von Werten einen Wandel in deren Funktion widerspiegelt. Vor allem aber zielt Nietzsches Genealogie der moralischen Werte darauf ab, die Werte ihrerseits einer kritischen Beurteilung zu unterziehen («Wert der Werte»). Die Einschätzung der Werte selbst steht ihrerseits im Dienst von Nietzsches ultimativer Zielsetzung, die bewerteten Wertsysteme im Licht ihrer kritischen Bewertung zu revidieren, genauer: sie zu revolutionieren («Umwertung aller Werte»).

Das Paradebeispiel von Nietzsches wertungskritischer Genealogie der Moral ist die Bedeutungs- und Gebrauchsgeschichte des primären moralischen Bewertungsprädikats «gut». In Nietzsches philologisch basierter Perspektive dient die Vokabel samt ihren Äquivalenten in anderen indoeuropäischen Sprachen der Selbstzuschreibung von positiven Qualitäten durch eine gesellschaftliche Führungsschicht, die zunächst militärisch, dann auch politisch eine Machtstellung über den Rest der Bevölkerung einnimmt. Der Ausdruck dient so der Selbstunterscheidung der Starken und Überlegenen von den Schwachen und ihnen Unterlegenen, auf die von Seiten der «Guten» die abwertende Kennzeichnung «schlecht» im ursprünglichen Sinne von «schlicht» übertragen wird. Für Nietzsche konstituiert die Unterscheidung von «gut» und «schlecht» einen primären Moraltypus, den er in verschiedenen alten Kulturen glaubt ausmachen zu können («Herrenmoral»).

Doch bleibt es nach Nietzsches Einschätzung nicht dauerhaft

bei der Moral der Mächtigen. Die Unterlegenen und Ohnmächtigen sind zwar in der Regel nicht zum direkten Aufbegehren gegen ihre Beherrscher und Unterdrücker in der Lage, erfinden aber, so Nietzsche, Mittel und Wege, um die Wertungsverhältnisse umzukehren («Sklavenaufstand in der Moral») und durch die Errichtung eines alternativen Moralsystems («Sklavenmoral») samt dessen politischen Implikationen imaginäre Rache («ressentiment») zu üben. In der Umwertung der ursprünglichen moralischen Werte wird aus dem selbstzugeschriebenen «gut» der alten Moral das fremdattribuierte «schlecht» der neuen Moral. Parallel dazu wird aus dem fremdzugeschriebenen «schlecht» der alten Moral das selbstattribuierte «gut» der neuen Moral.

Bei dem von Nietzsche rekonstruierten Vorgang der Werteumwertung handelt es sich also nicht einfach um eine Inversion, so als wären die vorher anders zugewiesenen Werte («gut», «schlecht») nunmehr umgekehrt verteilt. Vielmehr umfasst die Umwertung eine Neubewertung, die – ganz unabhängig von der Verteilung auf Personengruppen – die Bedeutung der Wertbegriffe selbst verändert. Um das Eigentümliche des ursprünglichen Moralsystems in Abstraktion von den zugrundeliegenden Herrschaftsverhältnissen auszuweisen, verwendet Nietzsche die Formel von der «Sittlichkeit der Sitte» zur Kennzeichnung einer archaischen Stufe der Sittlichkeit, die – statt von allgemeinen Regeln oder formalen Gesetzen – von Gebräuchen und Üblichkeiten getragen ist und sich dadurch von der Moralität im modernen Sinn radikal unterscheidet.

Weitere wichtige Betätigungsbereiche für Nietzsches genealogische Erkundung der tradierten Wertsysteme im Allgemeinen und der alten und modernen Moralsysteme im Besonderen umfassen die moralischen Phänomene von Schuld und Gewissen sowie die politisch-theologische Begründung von gesellschaftlicher Macht («Priesterherrschaft»). Für den Wechsel vom ersten zum zweiten Moraltypus macht Nietzsche eine charakteristische Internalisierung der ethischen Beziehungen («nach innen geschoben») geltend, durch die überhaupt erst eine Innensphäre des moralischen Fühlens und Urteilens entsteht. Des Weiteren ist die Moral des Ressentiments für Nietzsche geprägt durch Praktiken der Selbst- und Weltverleugnung («asketische Ideale»), die das Leben nach der früheren Moral verwerfen und verdammen.

Was schließlich den Vergleichswert der alternativen Wertsysteme («Wert der Werte») betrifft, konstatiert Nietzsche einen Verfall von Vitalität, eine Kultur des Niedergangs und eine Einstellung der Lebensverneinung in der Moral des Ressentiments, die für ihn auch die eigene Zeit charakterisiert («Nihilismus»). Der von ihm eigens geprägte poetische Ausdruck für die dekadente Lebensform der modernen Kultur und speziell ihrer nihilistischen Moral lautet der «letzte Mensch». Doch sieht Nietzsches Philosophie auch die Überwindung des letzten, alten Menschen vor und die Anbahnung eines anderen, neuen Menschen, für den Nietzsche im Rückgriff auf radikalaufklärerische Vorstellungen vom überlegenen Menschen («homme supérieur», «esprit fort») die Formel vom «Übermenschen» verwendet.

Der von Nietzsche anvisierte höhere Menschentypus soll den Niedergang des Lebens in der Moderne durch eine neue Wertordnung, die in einer Umwertung aller bestehenden Werte gründet, rückgängig machen. Doch bleiben Nietzsches Ausführungen zum neuen Menschen und seiner Wertewelt vage. Auch scheinen sie eher auf zukünftige exzeptionelle Individuen zu verweisen, die der Menschheit als Propheten und Vorbilder dienen würden, als auf einen allererst zu kreierenden und insofern künstlichen Menschentypus. Vieles deutet darauf hin, dass Nietzsche weniger eine ganz andere Menschheit im Sinn hat als eine Fortentwicklung im konstruktiven Rückgriff auf frühere Formen von Gesittung und Ethos, die der individuellen Selbstvervollkommnung des modernen Menschen dienen sollen.

Die Einheit und Beständigkeit des Lebens über wechselnde Wertordnungen hinweg und damit auch die Kontinuität der Menschheit wird von Nietzsche auch dadurch nahegelegt, dass er alles Leben und die ihm entstammenden variablen Wertsetzungen dem einen Prinzip von Machtsteigerung und Machtausübung («Wille zur Macht») unterstellt. Nach Nietzsches Einschätzung liegt der universelle Drang nach Machterwerb und Machtgebrauch selbst da noch vor, wo – wie im modernen Nihilismus – das Leben scheinbar verneint wird. In dieser umfassenden Perspektive auf alles Leben als Streben nach Übermacht ist eine Ethik oder Religion der Weltverneinung nur eine besonders raffinierte (oder pervertierte) Form von Machtgewinn. Umgekehrt kann Nietzsche aber auch den starken Seelen oder den neuen Menschen die tragische Einsicht zumuten, dass der gesteigerte Wille durchweg zu nichts weiter führt als zu mehr Macht («amor fati»). Unter dem fiktiven Gesichtspunkt der Ewigkeit ändert sich nichts wirklich und bleibt sich alles letztlich gleich im endlosen Machtspiel des Willens («ewige Wiederkehr des Gleichen»).

Rückblick

In der weiten Spanne von Kant bis Nietzsche durchläuft das philosophische Denken des 19. Jahrhunderts eine breite und reiche Entwicklung, die aber thematisch und programmatisch erstaunlich fokussiert bleibt. Im Mittelpunkt der denkerischen Anstrengungen in deren vielfältigen Formen steht durchweg der moderne Mensch als Subjekt von Wissen und Handeln, von Denken und Tun, der sich unter dem Impetus von Freiheit, unter der Voraussetzung von Gleichheit und unter der Anforderung von Gesellschaftlichkeit befindet.

Nach dem anfänglichen Fokus auf Vernunft und Geist samt deren Verhältnis zu Natur, Wille und Freiheit konzentriert sich das philosophische Räsonnement des 19. Jahrhunderts vorwiegend auf die gesellschaftliche Existenz des modernen Menschen, um deren Bedingungen, Möglichkeiten und Grenzen zu erkunden. Im Mittelpunkt steht dabei der moderne Mensch als Individuum, das unter seinesgleichen lebt, von denen es sich aber auch – wie diese von ihm – abhebt. Der moderne Mensch erscheint so als individuell und kollektiv, gleich und ungleich, frei und gebunden, einzeln und gemeinsam.

Durchweg suchen die Denker des 19. Jahrhunderts den Ausgleich zwischen den gegenläufigen Tendenzen moderner menschlicher Existenz. Dabei wird die Aussicht auf eine ausgeglichene Existenzform des modernen Menschen verschieden und sogar gegensätzlich eingeschätzt – als Ziel von persönlicher, von gesellschaftlicher, von politischer oder von religiöser Veränderung zum Besseren hin. Auch variieren die reklamierten Ressourcen für das Gelingen des modernen Lebens – von der persönlichen Bekehrung über die soziale Bewegung zur politischen Revolution. Schließlich weichen die maßgeblichen Philosophen des 19. Jahrhunderts auch voneinander ab bei der Einschätzung der Chancen und Potenziale für eine gelungene Existenz in der Moderne – von Zutrauen und Zuversicht, die sie darin haben, über Einsatz und Arbeit, die sie dafür aufbringen, bis zu Verzweiflung und Aufbegehren, die sie deswegen befällt. Immer aber geht es den Denkern des 19. Jahrhunderts um den Menschen und insbesondere um dessen gelungene Existenz als Individuum unter seinesgleichen.

Im Rückblick ist es so nicht der ein oder andere einzelne Philosoph, in dem die Philosophie des 19. Jahrhunderts ihrem Anliegen und Anspruch nach zusammengefasst oder ausgedrückt werden kann. Auch ist es nicht die ein oder andere philosophische Position, die aus dem 19. Jahrhundert als Anregung und Herausforderung herausragt. Vielmehr ist es das Panorama der akkumulierten Gipfelleistungen, auf das der Blick fällt, wenn nach dem Beitrag und dem Ertrag der Philosophie des 19. Jahrhunderts gefragt wird. Zusammen betrachtet und im Vergleich erwogen, repräsentieren die Philosophen und ihre Werke das Bild des Ringens um einen spezifisch modernen Humanismus oder Superhumanismus, für den der Mensch – in seiner perfektionierten Form – im Mittelpunkt steht, auch wenn sein Wesen oder seine Bestimmung nicht mehr übereinstimmend ermittelt werden kann.

Rückblickend ist aber auch festzustellen, dass das 19. Jahrhundert wohl die letzte Ära ist, in der die großen Fragen menschlicher Existenz von philosophischen Individuen mit rein denkerischen Mitteln in umfassenden Ansätzen gestellt und einem ganzen Spektrum ambitiöser Antworten zugeführt werden. Damit verglichen nimmt sich das Philosophieren seitdem wie Stückwerk und Versatz aus. Die Philosophie ist inzwischen von der Arbeitsteilung und dem Wissenschaftsbetrieb bestimmt. Selbst wenn die moderne Philosophie mit dem Denken von Kant bis Nietzsche nicht endet, gelangt sie mit ihm – so scheint es jedenfalls im Rückblick – an ihr monumentales Ende.

Zeittafel

1724	I. Kant geboren
1764	J. G. Fichte geboren
1770	G. F. W. Hegel geboren
1775	F. W. J. Schelling geboren
1781	I. Kant, *Kritik der reinen Vernunft* (2., veränderte Auflage 1787)
1785	I. Kant, *Grundlegung zur Metaphysik der Sitten*
1788	A. Schopenhauer geboren; I. Kant, *Kritik der praktischen Vernunft*
1794/95	J. G. Fichte, *Grundlage der gesamten Wissenschaftslehre*
1797	F. W. J. Schelling, *Ideen zu einer Philosophie der Natur als Einleitung in das Studium dieser Wissenschaft*; I. Kant, *Die Metaphysik der Sitten*
1798	A. Comte geboren
1800	J. G. Fichte, *Die Bestimmung des Menschen*
1804	I. Kant gestorben; L. Feuerbach geboren
1805	A. de Tocqueville geboren
1807	G. W. F. Hegel, *Die Phänomenologie des Geistes*
1808	J. St. Mill geboren
1809	F. W. J. Schelling, *Untersuchungen über das Wesen der menschlichen Freiheit*
1813	S. Kierkegaard geboren
1814	J. G. Fichte gestorben
1817	H. D. Thoreau geboren
1818	K. Marx geboren; A. Schopenhauer, *Die Welt als Wille und Vorstellung* (2., erweiterte Auflage 1844)
1820	G. W. F. Hegel, *Grundlinien der Philosophie des Rechts*
1831	G. W. F. Hegel gestorben
1835	A. de Tocqueville, *Über die Demokratie in Amerika* (2., erweiterte Auflage 1840)
1841	L. Feuerbach, *Das Wesen des Christentums*

1843	L. Feuerbach, *Grundsätze der Philosophie der Zukunft*; S. Kierkegaard, *Entweder – Oder*
1844	F. Nietzsche geboren; A. Comte, *Abhandlung über den Geist des Positivismus*; S. Kierkegaard, *Der Begriff der Angst*
1848	K. Marx und F. Engels, *Manifest der kommunistischen Partei*
1849	H. D. Thoreau, *Widerstand gegen die Zivilregierung* (1866 als *Ziviler Ungehorsam*)
1851–1854	A. Comte, *System der positivistischen Politik*
1852	A. Schopenhauer, *Parerga und Paralipomena*, darin *Aphorismen zur Lebensweisheit*
1854	F. W. J. Schelling gestorben; H. D. Thoreau, *Walden oder das Leben in den Wäldern*
1855	S. Kierkegaard gestorben
1856	A. de Tocqueville, *Der alte Staat und die Revolution*
1857	A. Comte gestorben
1859	A. de Tocqueville gestorben; J. St. Mill, *Über die Freiheit*
1860	A. Schopenhauer gestorben
1862	H. D. Thoreau gestorben
1867	K. Marx, *Das Kapital*, Bd. 1 (Bd. 2 1885, Bd. 3 1895, hg. v. F. Engels)
1869	J. St. Mill und Harriet Taylor Mill, *Die Unterwerfung der Frauen*
1872	L. Feuerbach gestorben; J. St. Mill gestorben; F. Nietzsche, *Die Geburt der Tragödie* (2., erweiterte Auflage 1886)
1883	K. Marx gestorben
1887	F. Nietzsche, *Zur Genealogie der Moral*
1900	F. Nietzsche gestorben

Literatur

1. Ausgewählte Primärtexte in Studienausgaben

Immanuel Kant, Kritik der reinen Vernunft, Hamburg 1998
Johann Gottlieb Fichte, Die Bestimmung des Menschen, Stuttgart 1997
Friedrich Wilhelm Joseph Schelling, Über das Wesen der menschlichen Freiheit, Stuttgart 1986
Georg Wilhelm Friedrich Hegel, Grundlinien der Philosophie des Rechts, Hamburg 2017
Arthur Schopenhauer, Preisschrift über die Freiheit des Willens, Hamburg 2014
Søren Kierkegaard, Entweder – Oder, München 2005
Ludwig Feuerbach, Das Wesen des Christentums, Stuttgart 1984
Alexis de Tocqueville, Über die Demokratie in Amerika, München 1976
Henry David Thoreau, Über die Pflicht zum Ungehorsam gegen den Staat und andere Essays, Zürich 2010
Karl Marx, Die Frühschriften, Stuttgart 2004
Auguste Comte, Rede über den Geist des Positivismus, Hamburg 2015
John Stuart Mill, Über die Freiheit, Stuttgart 1986
Friedrich Nietzsche, Zur Genealogie der Moral, Stuttgart 1988

2. Sekundärliteratur

2.1 Allgemeine Darstellungen

Heinrich Heine, Zur Geschichte der Religion und Philosophie in Deutschland, Stuttgart 1997
Richard Kroner, Von Kant bis Hegel, 2 Bde., Tübingen 2006
Karl Löwith, Von Hegel zu Nietzsche. Der revolutionäre Bruch im Denken des neunzehnten Jahrhunderts, Stuttgart 1988
Herbert Schnädelbach, Philosophie in Deutschland 1831–1933, Frankfurt a.M. 1983
Walter Jaeschke/Andreas Arndt, Die Klassische Deutsche Philosophie nach Kant. Systeme der reinen Vernunft und ihre Kritik. 1785–1845. München 2012

2.2 Einzeldarstellungen

Otfried Höffe, Immanuel Kant, München 2007
Günter Zöller, Fichte lesen, Stuttgart-Bad Cannstatt 2013
Wilhelm G. Jacobs, Schelling lesen, Stuttgart-Bad Cannstatt 2004.
Hans Friedrich Fulda, G. W. F. Hegel, München 2003
Margot Fleischer, Schopenhauer, Freiburg i. Br. 2001
Annemarie Pieper, Søren Kierkegaard, München 2000
Alfred Schmidt, Emanzipatorische Sinnlichkeit. Ludwig Feuerbachs anthropologischer Materialismus, München 1973
Louis Althusser, Für Marx, Berlin 2011
Harvey C. Mansfield, Tocqueville. A Very Short Introduction, Oxford 2010
Frank Schäfer, Henry David Thoreau – Waldgänger und Rebell. Eine Biographie, Berlin 2017
Wolf Lepenies, Auguste Comte. Die Macht der Zeichen, München 2010
Peter Rinderle, John Stuart Mill, München 2000
Volker Gerhard, Friedrich Nietzsche, München 2006

Personenregister